Emma's
손뜨개로 꾸미는 집

일러두기

이 책의 도안은 서술형 도안과 그림 도안으로 이루어져 있습니다. 그림 도안의 경우 손으로 뜨는 편물과 같은 방식으로 코와 단을 보면 됩니다. 서술형 도안의 경우 기호를 용어로 바꾸어 놓아 한눈에 보기 힘듭니다. 다음 몇 가지를 주의하세요.

1. 42쪽의 코바늘 끈 만들기처럼 하나의 도안에서 두 가지 사이즈를 설명할 때
긴 끈(짧은 끈): 서술 도안의 지시사항에 ―(―) 형식이 나오면 긴 끈을 만들 때는 괄호 밖의 내용을, 짧은 끈을 만들 때는 괄호 안의 내용을 따르면 됩니다.

2. 대괄호([ ])
대괄호 안의 내용은 같은 자리 혹은 한 코에 작업해야 합니다.

3. 별표 *, 십자 †
같은 지시사항의 반복을 뜻합니다.

1) 반복횟수가 별표 바로 옆에 표시된 경우:
횟수만큼 별표 안의 내용을 반복합니다.

예) 사슬 5코 (1번째 긴뜨기, 사슬 3코로 센다), *전 단의 1코 건너뛰고, 다음 코에 [긴뜨기, 사슬 3코]*를 7회 반복, 단 시작 사슬 5코의 2번째 사슬에 빼뜨기.

사슬 5코 (1번째 긴뜨기, 사슬 3코로 센다),
전 단의 1코 건너뛰고, 다음 코에 [긴뜨기, 사슬 3코]
⋮   ⎫ 7회 반복
전 단의 1코 건너뛰고, 다음 코에 [긴뜨기, 사슬 3코]
단 시작 사슬 5코의 2번째 사슬에 빼뜨기.

2) 반복횟수가 별표와 떨어져서 표시된 경우:
반복횟수가 표시되지 않은 부분은 그대로 뜨고, 반복횟수가 표시된 곳에서 별표 안의 내용을 반복합니다.

예) 2번째 사슬에서 시작해, *짧은뜨기, 긴뜨기, 1길긴뜨기 3코, 긴뜨기, 짧은뜨기*, 사슬 3코(나뭇잎의 뾰족한 끝 부분), 편물을 회전시킨다. 시작 사슬코의 바닥을 따라 *에서 *까지 1회 반복, 편물을 돌린다.

2번째 사슬에서 시작해, 짧은뜨기, 긴뜨기, 1길긴뜨기 3코, 긴뜨기, 짧은뜨기, 사슬 3코(나뭇잎의 뾰족한 끝 부분), 편물을 회전시킨다. 시작 사슬코의 바닥을 따라 짧은뜨기, 긴뜨기, 1길긴뜨기 3코, 긴뜨기, 짧은뜨기, 편물을 돌린다.

3) 반복기호가 두 가지일 때:
순서대로 별표 안의 내용 먼저, 다음에 십자 안의 내용을 반복합니다.

예) 사슬 3코 (1번째 1길긴뜨기로 센다), 사슬 3코가 떠진 자리에 1길긴뜨기, *†다음 코에 [1길긴뜨기, 사슬 2코, 1길긴뜨기]†, 다음 코에 1길긴뜨기 2코 넣어뜨기*를 5회 반복, †에서 †까지 1회 반복, 단 시작 사슬 3코의 3번째 사슬에 빼뜨기.

사슬 3코 (1번째 1길긴뜨기로 센다), 사슬 3코가 떠진 자리에 1길긴뜨기,
다음 코에 [1길긴뜨기, 사슬 2코, 1길긴뜨기], 다음 코에 1길긴뜨기 2코 넣어뜨기 ⎫
⋮   ⎬ 5회 반복
다음 코에 [1길긴뜨기, 사슬 2코, 1길긴뜨기], 다음 코에 1길긴뜨기 2코 넣어뜨기 ⎭
다음 코에 [1길긴뜨기, 사슬 2코, 1길긴뜨기],
단 시작 사슬 3코의 3번째 사슬에 빼뜨기.

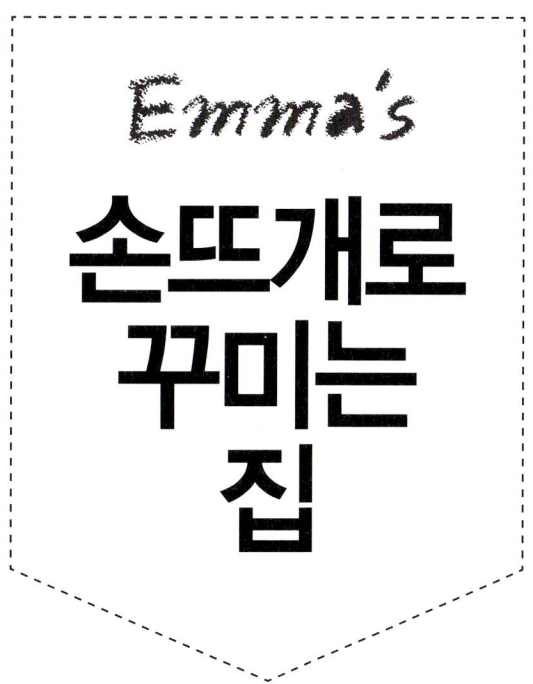

Emma's 손뜨개로 꾸미는 집

레트로 홈 스타일링을 위한 손뜨개 프로젝트 20

엠마 램 지음 | 이순선 옮김

BM 황금부엉이

CONTENTS

손뜨개로 꾸미는 집에 오신 것을 환영합니다! 6

시작하기 전에 8

도안 약어 & 기호 10

갈런드와 장식품

꽃 갈런드 14

경쾌한 물방울무늬 띠 20

종이꽃 장식 고리 24

기하학무늬 갈런드 28

꽃 화환 34

몽상가의 드림캐처 38

큰 사이즈의 꽃무 벽걸이 44

냄비받침

심플한 전통적인 원형 냄비받침 50

화려한 장미 냄비받침 54

레이스무늬 데이지 냄비받침 60

빈티지 스타일의 전통적인 메달 모양 냄비받침 66

팔각형의 팝콘무늬 냄비받침 72

쿠션

조그만 사각형 패치워크 쿠션 80

바람개비 모양 패치워크 쿠션 88

로그 캐빈 쿠션 92

화려한 장미 쿠션 94

캔디 콘 쿠션 100

담요와 덮개

스카보로 록 바닥 덮개 108

데이지와 작은 물방울무늬 무릎 덮개 116

그래니 시크 스타일의 바람개비 모양 담요 122

기법 129

감사의 말 141

대체 실 정보 142

찾아보기 143

손뜨개로 꾸미는
집에 오신 것을 환영합니다!

이 책에서 여러분은 코바늘로 뜨는 더할 나위 없이 예쁜 베개와 그래니 시크 스타일에 영감을 받은 화려한 냄비받침, 아름다운 담요와 덮개 그리고 즐거움을 주는 여러 가지 장식품을 볼 수 있습니다. 조그만 사각형 모티브 패치워크 쿠션처럼 내 디자인 중 가장 인기 있는 몇몇 작품들과 이 책을 위해 특별히 만든 독창적인 꽃 화환, 원형 바다 덮개 등을 담았습니다. 다양한 색의 스카보로 록 바다 덮개와 꽃 화환을 살짝 엿보세요. 내가 가장 좋아하는 드림캐처와 크기가 커서 실 처리하기 좋은 그래니 시크 스타일의 바람개비 모양 모티브 담요 등 몇 가지 새로운 보석들도 간간이 섞여 있습니다.

각 작품을 만들기에 가장 완벽한 실을 찾기 위해 끊임없이 노력했습니다. 아름답고 독특한 질감뿐만 아니라 다양한 색감이 그 실들을 선택한 이유입니다. 여러분은 울, 린넨, 종이, 알파카 그리고 유기농 면 같은 놀라운 소재가 사용되었음을, 또 실제로 선택할 수 있는 영역이 아주 넓다는 것을 알게 될 것입니다.

새로운 실을 발견하는 즐거움을 누리고, 다양한 색의 조합을 즐기고, 여러분의 집을 꾸밀 아름다운 작품들을 만들기 바랍니다. 해피 크로셰팅!

엠마

시작하기 전에

도안

이 책에 수록된 20가지 작품은 영국식 코바늘 용어로 작성되었습니다. 각 디자인에는 국제 표준 코바늘 기호를 기준으로 작성된 코바늘 도안이 포함되어 있습니다. '도안 약어 & 기호'에 영국과 한국식 용어로 정리된 기호 총 목록이 있으니, 성급하게 도안을 보지 말고 기호를 먼저 익히세요. 이 책에 사용된 어떤 무늬가 익숙하지 않을 때도 각 무늬에 대한 설명이 포함되어 있는 '도안 약어 & 기호' 부분을 참고하세요.

코바늘 도안은 작업하는 코바늘 편물과 동일하게 읽으면 됩니다. 원통뜨기로 작업하는 모티브는 시작 사슬코나 원형뜨기의 시작코로 중심에서 시작하고, 시계 반대 방향으로 읽습니다. 각각의 새로운 단은 코바늘로 뜨는 것과 동일하게 단수를 셉니다. 일반적으로 평뜨기로 작업하는 모티브는 바닥이나 시작 사슬코의 바닥 왼쪽 모서리에서 시작합니다. 그래서 홀수 단은 오른쪽에서 왼쪽으로, 짝수 단은 왼쪽에서 오른쪽으로 작업합니다. 주의해야 할 점은 코바늘 도안에는 색 배치에 관한 정보가 포함되어 있지 않다는 것입니다. 이런 이유로 서술 도안이나 함께 제공된 그림을 참고하길 권합니다.

게이지

모든 도안에는 게이지와 작품을 시작하기 전에 여러분이 떠야 할 스와치 종류에 관한 정보가 포함되어 있습니다. 대부분의 경우 다음의 3가지 샘플 중 하나를 블로킹한 형식입니다.

– 사용되는 실의 굵기에 따라 1길긴뜨기 3코 넣어뜨기로 8단까지 작업한 표준 그래니 스퀘어 모티브

– 위와 동일하게 8단까지 작업한 1길긴뜨기로 매단 12코씩 코늘림한 심플한 원형 모티브

– 시작 사슬코에서 시작한 1길긴뜨기 정사각형 스와치

완성한 작품을 블로킹하는 방법을 확인하고 게이지 시험뜨기 편물을 블로킹할 때도 이 방법을 사용합니다('블로킹' 참고). 시험뜨기 편물이 작품에 필요한 게이지와 일치하는지 확인하기 위해 10㎝ 격자판 안에 몇 코가 있는지 셉니다. 게이지가 일치하면 여러분의 사랑스러운 작품을 시작하세요. 하지만 콧수가 많으면 바늘 사이즈를 한 호수 올립니다. 적절한 게이지를 얻을 때까지 바늘 사이즈를 바꿔보는 여러 번의 실험이 필요합니다. 좀 귀찮지만 필수적인 부분입니다. 게이지를 정확하게 맞추지 않으면, 작품은 정확한 사이즈로 완성되지 않으니까요. 설상가상으로 실이 모자랄 수도 있습니다!

책에 권장된 실을 여러분이 좋아하는 실로 대체하고 싶을 때, 게이지를 섬세하게 확인하는 것은 특히 중요합니다. 일단 게이지를 정확하게 맞추면, 작품을 완성하는 데 필요한 실 소요량을 결정하기 위해 권장 실의 길이를 대체 실과 비교해봅니다. 각 도안에 이미 어느 정도의 여유분이 포함되었기 때문에 가능한 한 도안에 쓰여 있는 실 소요량에 가깝게 준비하세요.

블로킹

이 책에 수록된 작품 대부분은 스팀 블로킹이나 다림질이 필요합니다. 물세탁하는 것보다 빠르고 쉬우며, 또 완성된 편물을 덜 망치기 때문에 코바늘 편물을 블로킹하는 데 선호하는 방법입니다. 코바늘 편물은 대바늘 편물보다 3배 정도 실을 더 소모하며, 밀도가 빡빡합니다. 그래서 물세탁하는 동안 대바늘 편물보다 더 많은 수분이 남아 무거워지고 늘어지는 경향이 있기 때문에 작품을 망치기 쉽습니다.

스팀 블로킹을 하기 위해서는 스팀다리미와 다림천이 필요합니다. 스팀이 통과할 때 작품이 눌어붙지 않도록 보호하기 위한 다림천은 얇은 면 등 내열성이 있는 어떤 천이든 가능합니다. 작은 작품은 다림판에서 쉽게 블로킹할 수 있지만 큰 담요 같은 작품은 바닥처럼 더 큰 공간이 필요합니다. 먼저 바닥을 보호하기 위해 작품보다 더 큰 낡은 담요나 침대보를 펼칩니다. 이때 낡은 울 담요를 이용하는 것이 좋습니다. 이제 작품을 올려놓고 주름을 폅니다. 원형 무릎 담요의 경우, 중심에서 시작해 가장자리가 깔끔하게 놓일 때까지 바깥쪽으로 부드럽게 펼칩니다. 줄자를 이용해 균일한 비율을 맞춥니다. 더 큰 담요의 경우에는 모서리에서 시작해 거기서부터 펼치는 것이 가장 좋습니다.

도안 약어 & 기호

일반 약어

원문에서는 도안 전체에 영국식 코바늘 용어가 사용되었습니다. 하지만 코바늘 차트는 표준 기호를 사용해 작성했습니다. 자세한 내용은 '기법'을 참조합니다.

st(s)	코	rnd	단
ch-sp(s)	사슬 아래 빈 공간	inc	코늘림
sp	공간	dec	코줄임
rep	반복	RS	겉면
prev	전의	WS	안면

기호	한국	영국	설명
⟲	원형뜨기의 시작코		조절 가능한 링(혹은 매직 루프)
▶			시작점
○	사슬	ch	사슬
•	빼뜨기	ss	빼뜨기
+	짧은뜨기	dc	짧은뜨기
┬	긴뜨기	htr	긴뜨기
┼	1길긴뜨기	tr	1길긴뜨기
╪	2길긴뜨기	dtr	2길긴뜨기
∨	짧은뜨기 2코 넣어뜨기	2dc inc	같은 공간에 짧은뜨기 2코 작업해서 코늘림
V	1길긴뜨기 2코 넣어뜨기	2tr inc	같은 공간에 1길긴뜨기 2코 작업해서 코늘림
W	1길긴뜨기 3코 넣어뜨기	3tr shell	같은 공간에 1길긴뜨기 3코 작업해서 코늘림
∧	1길긴뜨기 2코 모아뜨기	tr2tog	1길긴뜨기 2코 모아 떠 코줄임
∧	1길긴뜨기 3코 모아뜨기	tr3tog	1길긴뜨기 3코 모아 떠 코줄임

기호	한국	영국	설명
	1길긴뜨기 4코 모아뜨기	tr4tog	1길긴뜨기 4코 모아 떠 코줄임
	2길긴뜨기 2코 모아뜨기	dtr2tog	2길긴뜨기 2코 모아 떠 코줄임
	1길긴뜨기 3코 구슬뜨기	3tr-cl	1길긴뜨기 3코 구슬뜨기
	1길긴뜨기 4코 구슬뜨기	4tr-cl	1길긴뜨기 4코 구슬뜨기
	2길긴뜨기 2코 구슬뜨기	2dtr-cl	2길긴뜨기 2코 구슬뜨기
	2길긴뜨기 3코 구슬뜨기	3dtr-cl	2길긴뜨기 3코 구슬뜨기
	2길긴뜨기 5코 구슬뜨기 앞걸어뜨기	5tr-fpcl	2길긴뜨기 5코 앞걸어 구슬뜨기
	팝콘뜨기	pc	사슬코 마무리를 포함한 팝콘뜨기
		pc	사슬코 마무리를 제외한 팝콘뜨기
	스파이크 짧은뜨기	sdc	2단 아래에 짧은뜨기
	긴뜨기 뒤걸어뜨기	bp-htr	뒤걸어 긴뜨기
	단 시작 1길긴뜨기	s-tr	(사슬 없는) 시작 1길긴뜨기
	시작코 1길긴뜨기 2코 넣어뜨기	f2tr inc	시작 사슬코에 1길긴뜨기 2코 넣어 코늘림
—	연결코	jn	모티브를 연결하며 뜰 때 작업하는 빼뜨기
+	연결 짧은뜨기	jdc	모티브를 겹쳐 뜰 때 레이스무늬를 유지하기 위한 짧은뜨기
●	원단 조각 넣기	pf	원단 조각 넣기
----			보이지 않는 매듭짓기(돗바늘을 이용해 매듭이 생기지 않게 모티브를 마무리하는 방법)
*			손바느질

패턴 반복

도안의 반복되는 지시사항을 볼 때, 별(*)로 표시된 내용은 총 반복횟수를 나타냅니다.

도안 약어 & 기호

갈런드와 장식품

꽃 갈런드

코바늘뜨기를 하는 몇몇 사람들에게 소박한 그래니 스퀘어(granny square)는 나름의 치유방법이 되기도 합니다. 내 경우 모든 색, 크기, 모양의 꽃을 뜰 때 그렇습니다. 코바늘과 멋진 색의 실로 한 무더기의 예쁜 꽃잎을 만들며 보낸 한 시간은 정말 충만한 느낌이 들곤 하지요. 이 갈런드를 위해 세 가지 예쁜 꽃 모티브와 두 가지 크기의 나뭇잎을 디자인해보았습니다. 도안의 지시사항을 보면 모티브를 함께 이을 때 가능한 배열에 대해 설명되어 있지만, 약간의 상상력이 더해진다면 무한한 색 조합과 수십 가지 다른 방식으로 조합할 수도 있습니다. 여러분의 상상력을 자유롭게 풀어놓으세요.

필요한 재료와 도구

- 모사용 코바늘 6호와 레이스용 코바늘 2호
- Rowan Cotton Glace 50g(115m) 865/Lipstick(실 A), 730/Oyster(실 B), 856/Mineral(실 C), 845/Shell(실 D), 844/Green Slate(실 E) 각 1볼, DMC Petra size 5 100g(400m) 54460/Off-white(실 F) 1볼
- 돗바늘
- 가위

대체 실

이 디자인은 갈런드를 만들어야 하는 디자인이기 때문에 너무 무겁지 않게, 표준 DK 굵기이거나 혹은 더 얇은 면사를 쓰는 것이 좋다. DK 굵기의 면사를 사용하면 50g 1볼로 단색의 화환을 완성할 수 있다.

게이지

긴뜨기로 작업한 원형 모티브 6단(각 단에서 12코씩 코늘림) = 10cm

완성 크기

꽃은 직경 6~6.5cm
갈런드 길이 약 1.45m

갈런드와 장식품

도안

모든 꽃과 나뭇잎 모티브를 작업할 때는 모사용 코바늘 6호를 사용합니다.

8-꽃잎 모티브

실 A, B, C, D로 각 1개씩 4개를 만든다.

원형뜨기의 시작코와 1단 실 끝을 고리로 만들어, 사슬 3코(1번째 1길긴뜨기로 센다), 고리 안에 1길긴뜨기 15코, 고리를 닫고, 단 시작의 사슬 3코의 3번째 사슬에 빼뜨기.

2단 사슬 5코(1번째 긴뜨기, 사슬 3코로 센다), *전 단의 1코를 건너뛰고, 다음 코에 [긴뜨기, 사슬 3코]*를 7회 반복, 단 시작 사슬 5코의 2번째 사슬에 빼뜨기.

3단 사슬 1코, *다음 사슬 아래 빈 공간에 빼뜨기, 사슬 4코, 같은 공간에 2길긴뜨기 3코 구슬뜨기, 사슬 4코, 같은 사슬 아래 빈 공간에 빼뜨기*를 8회 반복, 단 시작 사슬 1코에 빼뜨기, 실을 자른다.

5-꽃잎 모티브

실 A, B, C, D로 각 1개씩 4개를 만든다.

원형뜨기의 시작코과 1단 실 끝을 고리로 만들어, 사슬 2코, 1길긴뜨기 3코 구슬뜨기(1번째 1길긴뜨기 4코 구슬뜨기로 센다), *사슬 4코, 1길긴뜨기 4코 구슬뜨기*를 4회 반복, 사슬 4코, 고리를 닫고, 단 시작의 1길긴뜨기 3코 구슬뜨기 코의 꼭대기에 빼뜨기.

2단 사슬 1코, 각 사슬 아래 빈 공간에 [짧은뜨기, 긴뜨기, 1길긴뜨기, 2길긴뜨기 3코, 1길긴뜨기, 긴뜨기, 짧은뜨기를 단 끝까지 반복, 1번째 짧은뜨기에 빼뜨기, 실을 자른다.

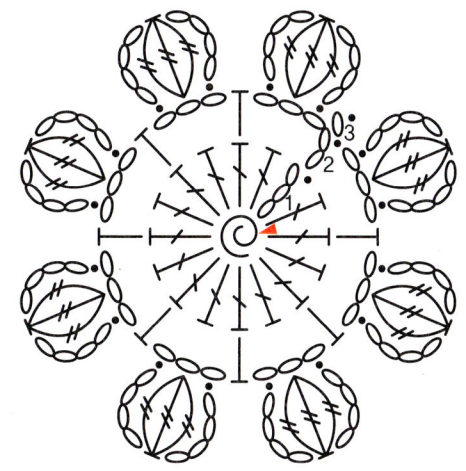

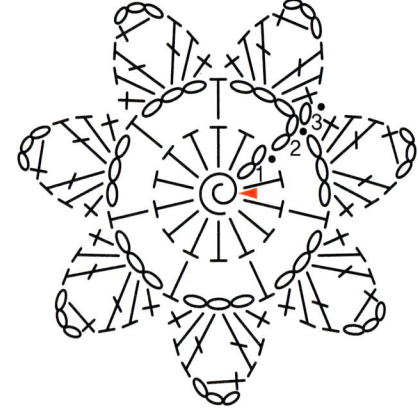

7–꽃잎 모티브

실 A, B, C, D로 각 1개씩 4개를 만든다.

원형뜨기의 시작코와 1단 실 끝을 고리로 만들어, 사슬 2코(1번째 긴뜨기로 센다), 고리 안에 긴뜨기 13코, 단 시작 사슬 2코의 2번째 사슬에 빼뜨기.

2단 사슬 5코, *전 단의 1번째 1길긴뜨기를 건너뛰고, 다음 코에 [긴뜨기, 사슬 3코]*를 6회 반복, 단 시작 사슬 5코의 2번째 사슬에 빼뜨기.

3단 사슬 1코, 각 사슬 아래 빈 공간에 [짧은뜨기, 긴뜨기, 1길긴뜨기, 사슬 3코, 바늘에서 3번째 사슬에 짧은뜨기, 1길긴뜨기, 긴뜨기, 짧은뜨기]를 단 끝까지 반복, 1번째 짧은뜨기에 빼뜨기, 실을 자른다.

작은 나뭇잎 모티브

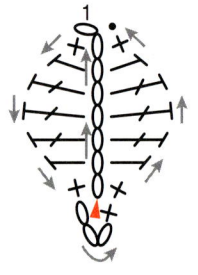

실 A, B, C, D로 각 1개씩 4개를 만든다.

시작 사슬코 사슬 8코

1단 바늘에서 2번째 사슬에서 시작해서, *짧은뜨기, 긴뜨기, 1길긴뜨기 3코, 긴뜨기, 짧은뜨기*, 나뭇잎 끝부분에 [사슬 3코, 바늘에서 3번째 사슬에 짧은뜨기], 편물을 회전시켜 시작 사슬코의 바닥을 따라 *에서 *까지 1회 반복하고 실을 자른다.

큰 나뭇잎 모티브

실 E로 4개를 만든다.

시작 사슬코 사슬 8코

1단 바늘에서 2번째 사슬에서 시작해, *짧은뜨기, 긴뜨기, 1길긴뜨기 3코, 긴뜨기, 짧은뜨기*, 사슬 3코(나뭇잎의 뾰족한 끝부분), 편물을 회전시킨다, 시작 사슬코의 바닥을 따라 *에서*까지 1회 반복, 편물을 돌린다.

2단 사슬 1코, 짧은뜨기, 긴뜨기, 1길긴뜨기, 1길긴뜨기 2코 넣어뜨기, 1길긴뜨기 3코, 나뭇잎 끝부분의 사슬 아래 빈 공간에 [1길긴뜨기 3코, 사슬 2코, 1길긴뜨기 3코], 1길긴뜨기 3코, 1길긴뜨기 2코 넣어뜨기, 1길긴뜨기, 긴뜨기, 짧은뜨기, 편물을 돌린다.

3단 사슬 1코, 전 단의 1번째 1길긴뜨기 건너뛰고, 짧은뜨기 2코, 다음 코에 짧은뜨기 2코 넣어뜨기, 짧은뜨기 6코, 나뭇잎 끝부분의 사슬 아래 빈 공간에 [짧은뜨기, 사슬 3코, 바늘에서 3번째 사슬에 짧은뜨기, 짧은뜨기], 짧은뜨기 6코, 다음 2코에 짧은뜨기 2코 넣어뜨기, 짧은뜨기 2코, 다음 코에 빼뜨기, 실을 자른다.

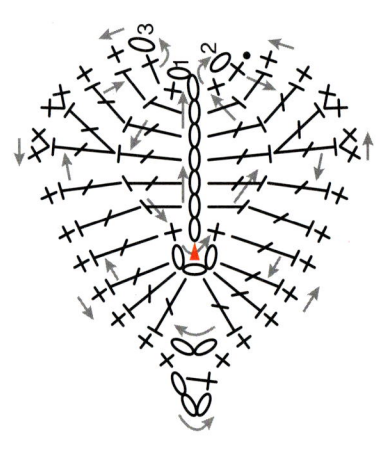

블로킹

다림천을 이용해서, 각 모티브를 다음의 대략적인 크기에 맞춰 편물 안쪽에서 스팀 다림질한다.

8-꽃잎 직경 6.5cm

5-꽃잎 직경 5.5cm

7-꽃잎 직경 6.5cm

작은 나뭇잎 2×3.5cm

큰 나뭇잎 4.5×6cm

마무리

모티브를 그림의 색 배치에 따라 배열하고, 바닥의 큰 나뭇잎부터 시작해서 다음과 같이 모티브를 잇는다.

First 레이스용 코바늘 2호로, 큰 나뭇잎 모티브 꼭대기(나뭇잎 끝 뾰족한 부분의 반대편)에 실 G를 연결해서, *†사슬 3코, 작은 나뭇잎 모티브 꼭대기에 짧은뜨기, 사슬 36코, 7-꽃잎 모티브의 꽃잎 2개 사이에 짧은뜨기, 사슬 40코, 5-꽃잎 모티브의 꽃잎 2개 사이에 짧은뜨기, 사슬 40코, 8-꽃잎 모티브의 꽃잎 2개 사이에 짧은뜨기†, 사슬 40코, 큰 나뭇잎 모티브 꼭대기에 짧은뜨기*를 3회 반복, †에서 †까지 1회 반복.

고리 만들기 사슬 20코, 8-꽃잎 모티브의 마지막 짧은뜨기를 작업한 같은 공간에 빼뜨기, 풀리지 않도록 단단하게 매듭짓고 실을 자른다. 실 끝이 보이지 않게 정리한다.

색 배치

▶ Lipstick
▶ Oyster
▶ Mineral
▶ Shell
▶ Green Slate

 TIPS & TRICKS

이 갈런드는 수직으로 걸도록 디자인되었지만, 필요하다면 양 끝에 고리를 작업해서 장식용 천처럼 늘어뜨려 걸 수도 있다. 첫 번째 모티브에 실 F를 연결해서, 사슬 20코, 실을 연결한 공간과 같은 곳에 빼뜨기, 다음엔 갈런드 모티브를 위의 설명과 동일하게 잇는다. 사진에서 보이는 것처럼 갈런드를 여러 개 전시하려면 Rowan Cotton Glace 725/Ecru 50g 1볼이 필요하다.

꽃 갈런드

경쾌한 물방울무늬 띠

이 경쾌한 물방울무늬 모티브는 원래 페니 러그(penny rug)에서 영감을 받은 것입니다. 페니 러그는 울로 만들어진 옷의 자투리로 뭔가 새롭고 아름답고 유용한 것을 만들기 위해 조각조각 손으로 꿰맨 고풍스러운 깔개입니다. 나는 이 띠를 만들기 위해 가장 좋아하는 린넨 실을 사용했습니다. 린넨 실은 깜짝 놀랄 정도로 다양한 색이 있고, 다행히 나는 물방울무늬 모티브를 뜨는 데 완벽한 자투리 실을 많이 갖고 있었습니다. 이 띠 디자인을 잘 이용해서 자투리 실 더미가 넘칠 때마다 새로운 물방울무늬 모티브를 떠보세요.

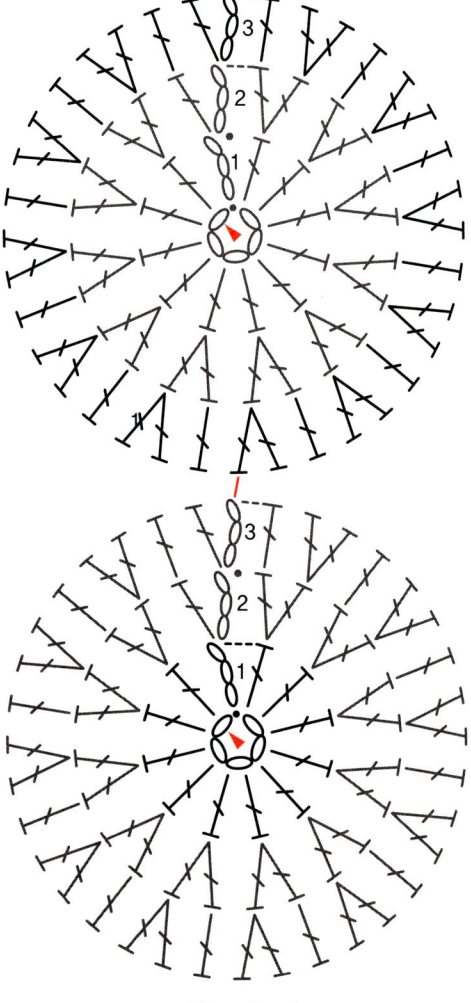

▽ 큰 중심 모티브

△ 작은 중심 모티브

필요한 재료와 도구

- 모사용 코바늘 5호
- Yarn Stories Linen 3ply(레이스 굵기) 50g(300m), 102/Off white(yarn A), 406/Peach, 302 /Emerald, 703/ Yellow, 605/Sky, 310/Mint, 407/ Magenta, 409/Orange 각 1볼
- 돗바늘
- 가위

대체 실

이 디자인은 거의 모든 굵기의 실에 어울린다. 띠가 너무 무거워지지 않도록 4ply나 DK(fingering 혹은 worsted) 굵기의 실을 추천한다.

게이지

실 2겹을 함께 잡고, 1길긴뜨기로 6단(각 단에서 12코씩 코늘림) = 10cm

완성 크기

물방울무늬 모티브 크기는 대략 직경 5cm
갈런드의 길이는 약 2.3m

색 배치

- Off-white
- Peach
- Emerald
- Yellow
- Sky
- Mint
- Magenta
- Orange

도안

각 물방울무늬 모티브는 처음부터 끝까지 같은 색 실 2겹으로 작업한다.

띠의 주된 색은 Off-white(실 A)이다. 이 색은 작은 중심 모티브가 되는 1단과 큰 중심 모티브인 3단에 사용된다. 남은 색상은 (아래에서 '2번째 색'으로 언급되는) 띠를 완성할 때까지 모티브 7개마다 1번씩, 6번 반복된다. 색 배치 그림을 참고하기 바란다.

작은 중심 모티브로 시작해서 큰 중심 모티브를 작업한다. 큰 중심 모티브는 작업하면서 첫 번째 모티브에 연결한다. 그다음에 작은 중심 모티브를 진행하면서 두 번째 모티브에 연결하는 것을 반복한다. 이런 식으로 위의 설명과 동일하게 2개의 모티브를 번갈아 작업하고 색을 바꾸어가며 계속 작업한다.

 TIPS & TRICKS

이 디자인은 양말 실 자투리 등 도저히 버리기 아까운 손 염색 자투리 실을 쓰기에 완벽한 작품이다.

갈런드와 장식품

작은 중심 모티브

21개를 만든다(첫 번째 모티브와 번갈아 뜨는 모든 모티브).

원형뜨기의 시작코 실 A와 모사용 코바늘 5호로 사슬 5코, 고리를 만들기 위해 빼뜨기한다.

1단 사슬 3코(1번째 1길긴뜨기로 센다), 고리 안에 1길긴뜨기 11코(총 12코), 실을 자르고 돗바늘로 매듭이 보이지 않게 마무리한다.

2단 아무 코에나 2번째 색을 연결하여, 사슬 3코(1번째 1길긴뜨기로 센다), 사슬 3코가 떠진 자리에 1길긴뜨기, 각 코마다 1길긴뜨기 2코 넣어뜨기를 단 끝까지 반복, 단 시작 사슬 3코의 3번째 사슬에 빼뜨기. (총 24코)

첫 번째 모티브에만 작업, 3단 사슬 3코(1번째 1길긴뜨기로 센다), 사슬 3코가 떠진 자리에 1길긴뜨기, 다음 코에 1길긴뜨기, *1길긴뜨기 2코 넣어뜨기, 1길긴뜨기*를 단 끝까지 반복(총 36코), 실을 자르고 돗바늘로 매듭이 보이지 않게 마무리한다.

세 번째 모티브와 이후에 번갈아 뜨는 모든 모티브, 3단 사슬 3코(1번째 1길긴뜨기로 센다), 사슬 3코가 떠진 자리에 1길긴뜨기, 다음 코에 1길긴뜨기, *1길긴뜨기 2코 넣어뜨기, 1길긴뜨기*를 6회 반복, 전 모티브 3단의 1번째 코에 연결코, *에서 *까지 6회 반복(총 36코), 실을 자르고 돗바늘로 매듭이 보이지 않게 마무리한다.

큰 중심 모티브

22개를 만든다(두 번째 모티브와 번갈아 뜨는 모든 모티브).

시작 사슬코 2번째 색과 모사용 코바늘 5호로 사슬 5코, 고리를 만들기 위해 빼뜨기한다.

1단 사슬 3코(1번째 1길긴뜨기로 센다), 고리 안에 1길긴뜨기 11코, 단 시작 사슬 3코의 3번째 사슬에 빼뜨기한다. (총 12코)

2단 사슬 3코(1번째 1길긴뜨기로 센다), 사슬 3코가 떠진 자리에 1길긴뜨기, 각 코마다 1길긴뜨기 2코 넣어뜨기를 단 끝까지 반복(총 24코), 실을 자르고 돗바늘로 매듭이 보이지 않게 마무리한다.

3단 아무 코에나 실 A를 연결하여, 사슬 3코(1번째 1길긴뜨기로 센다), 사슬 3코가 떠진 자리에 1길긴뜨기, 다음 코에 1길긴뜨기, *1길긴뜨기 2코 넣어뜨기, 1길긴뜨기*를 6회 반복, 전 모티브 3단의 1번째 코에 연결코, *에서 *까지 6회 반복(총 36코), 실을 자르고 돗바늘로 매듭이 보이지 않게 마무리한다.

블로킹

다림천을 이용해 편물의 안쪽에서 스팀 다림질한다.

경쾌한 물방울무늬 띠

종이꽃 장식 고리

이 종이꽃 장식 고리는 심플한 흰색 종이를 꼰 실로 만듭니다. 덕분에 가장 기본적인 코바늘 무늬로도 멋진 레이스 효과를 만들 수 있습니다. 빨리 뜰 수 있고, 일 년 내내 나뭇가지를 장식하는 데 사용할 수도 있습니다. 좀 더 화려한 색조를 선택한다면 크리스마스 시즌 선물로도 손색이 없습니다.

필요한 재료와 도구

- 모사용 6호 코바늘
- Paperphine medium paper twine white 120m 1볼
- 장식 고리 1개당 2.5×6.5cm 천 조각 3개
- 장식 고리 1개당 2.5cm 단추 1개
- 돗바늘
- 가위

대체 실

이 작품은 특별히 종이실로 뜨도록 디자인 되었다. 다른 실로 대체할 수 없다.

특별한 무늬

pf = 천 조각 넣기
다음과 같이 작업한다. 천 조각 1개를 중심에서 접어, 바늘과 작업 중인 실 사이에 놓고, 움직이지 않도록 자리를 잡기 위해 단단하게 사슬 1코를 작업한다.

게이지

완성된 꽃 모티브는 직경 9cm

완성 크기

9×25cm

 TIPS & TRICKS

종이실은 억세기 때문에 작업할 때 단단하게 떠야 한다. 이 실은 여러분이 생각하는 것처럼 섬세하지 않고 손으로 끊는 것은 거의 불가능하다. 장력을 잘 조절하며 뜨기 위해 실을 단단하게 잡는 것이 필수이다. 그래야 완성된 꽃 모티브의 게이지가 너무 느슨해지지 않는다.

갈런드와 장식품

도안

꽃 모티브

원형뜨기의 시작코 종이실과 모사용 코바늘 6호로, 사슬 8코, 고리를 만들기 위해 빼뜨기한다.

1단 사슬 3코(1번째 1길긴뜨기로 센다), 고리 안에 1길긴뜨기 29코, 단 시작 사슬 3코의 3번째 사슬에 빼뜨기.

2단 사슬 4코(1번째 긴뜨기, 사슬 2코로 센다), *전 단의 1코를 건너뛰고, 다음 코에 긴뜨기, 사슬 2코*를 14회 반복, 단 시작 사슬 4코의 2번째 사슬에 빼뜨기.

3단 *다음 사슬 아래 빈 공간에 빼뜨기, 사슬 4코, 사슬 아래 빈 공간에 [2길긴뜨기, 1길긴뜨기, 긴뜨기, 짧은뜨기]*를 15회 반복, 전 단의 시작 사슬코에 빼뜨기, 실을 자른다.

블로킹

다림천을 이용한다. 종이실이 너무 뜨거워지거나 타지 않도록 주의하며 다리미로 편물의 안쪽에서 스팀 다림질한다. 모티브에 온기가 남아있을 때(뜨거울 때가 아니라) 꽃잎을 잡아당겨 깔끔하게 모양을 잡는다. 그 다음에 다시 다림질하고 식을 때까지 둔다.

마무리

꽃의 줄기

First 모사용 코바늘 6호와 종이실로, 20cm 정도 실 꼬리를 남겨두고, *사슬 10코, 천 조각 넣기*를 2회 반복, 사슬 5코, 꽃 모티브의 두 꽃잎 사이 아무 데나 빼뜨기, 실을 자른다.

Next 돗바늘과 20cm 길이 실로, 꽃의 줄기 끝에 단추를 단다. 단단하게 매듭짓는다.

고리 만들기

꽃의 줄기에서 8번째 꽃잎 꼭대기에 종이실을 연결해서, 사슬 5코, 천 조각 넣기, 사슬 15코, 바늘에서 15번째 사슬에 빼뜨기, 실을 자르고 끝이 보이지 않게 정리한다.

기하학무늬 갈런드

생각해보면 나는 코바늘로 만드는 꽃과 사랑에 빠진 것 같습니다. 하지만 예쁜 꽃잎을 사랑하는 것만큼이나 귀여운 기하학무늬에도 약합니다. 더구나 이 갈런드는 너무나 귀여우니까요! 기하학무늬 갈런드는 완벽한 장식 효과를 주며, 아이들에게 여러 가지 모양을 가르쳐주기에도 훌륭한 방법입니다. 여기에서는 예쁜 북유럽 스타일에서 영감을 받은 중성적인 색조를 선택했는데, 아기의 성별을 모르는 예비 부모에게 좋은 베이비 샤워(baby shower) 선물이 될 것입니다.

필요한 재료와 도구

- 모사용 코바늘 5호, 레이스 코바늘 2호
- DMC Natura Just Cotton 50g(100m) N85/Girofle´e(실 A), N12/Light Green (실 B), N05/Bleu Layette(실 C), N53/Bleu Night(실 D), N81/Acanthe(실 E) 각 1볼
- DMC Petra size 5 100g(400m) 54460/Off-white(실 F) 1볼
- 돗바늘
- 가위

대체 실

갈런드를 만들어야 하는 디자인이기 때문에 너무 무겁지 않은 4 ply(fingering) 굵기의 실 혹은 그보다 약간 얇은 어떤 실과도 잘 어울린다.

게이지

1길긴뜨기로 7단(각 단에서 12코씩 코늘림) = 10cm

완성 크기

모양별로 4.5-6.5cm
갈런드 길이 1.6m

 TIPS & TRICKS

기본적인 삼각형 모티브만 이용해서 색색의 페넌트(pennant)를 만들 수 있다. 삼각형을 더 크게 만들려면, 원하는 크기가 될 때까지 만들어진 도안대로 7단 이후를 계속해서 작업하면 된다. 혹은 별 모티브를 단순한 원형 모티브와 조합해서 별과 달 갈런드를 만들 수도 있다.

도안

육각형 모티브

3개를 만든다.

원형뜨기의 시작코 실 B와 모사용 코바늘 5호로 사슬 5코, 고리를 만들기 위해 빼뜨기한다.

1단 사슬 3코(1번째 1길긴뜨기로 센다), 고리 안에 1길긴뜨기 11코, 단 시작 사슬 3코의 3번째 사슬에 빼뜨기.

2단 사슬 3코(1번째 1길긴뜨기로 센다), 사슬 3코가 떠진 자리에 1길긴뜨기, *†다음 코에 [1길긴뜨기, 사슬 2코, 1길긴뜨기]†, 다음 코에 1길긴뜨기 2코 넣어뜨기*를 5회 반복, †에서 †까지 1회 반복, 단 시작 사슬 3코의 3번째 사슬에 빼뜨기.

3단 사슬 3코(1번째 1길긴뜨기로 센다), 다음 2코에 1길긴뜨기, *†모서리의 사슬 아래 빈 공간에 [1길긴뜨기, 사슬 2코, 바늘에서 2번째 사슬에 짧은뜨기, 1길긴뜨기]†, 다음 4코에 1길긴뜨기*를 5회 반복, †에서 †까지 1회 반복, 다음 코에 1길긴뜨기, 실을 자르고 돗바늘로 매듭이 보이지 않게 마무리한다.

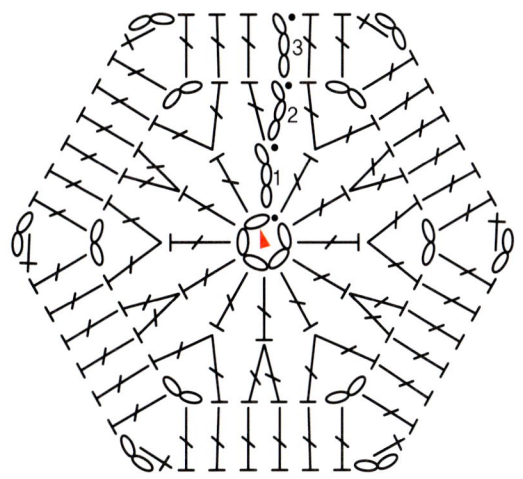

삼각형 모티브

3개를 만든다.

원형뜨기의 시작코 실 E와 모사용 코바늘 5호로, 실 끝을 고리로 만든다.

1단 사슬 3코(1번째 1길긴뜨기로 센다), 고리 안에 1길긴뜨기 2코, 고리를 닫고, 편물을 돌린다.

2단 사슬 3코(1번째 1길긴뜨기로 센다), 다음 2코에 1길긴뜨기, 전 단 시작 사슬 3코의 3번째 사슬에 1길긴뜨기 2코 넣어뜨기, 편물을 돌린다.

3단 사슬 3코(1번째 1길긴뜨기로 센다), 다음 4코에 1길긴뜨기, 전 단 시작 사슬 3코의 3번째 사슬에 1길긴뜨기 2코 넣어뜨기, 편물을 돌린다.

4–7단 2단과 3단이 삼각형 모티브 도안이다. 4–7단은 이런 식으로 코늘림을 계속하고, 실을 자른다.

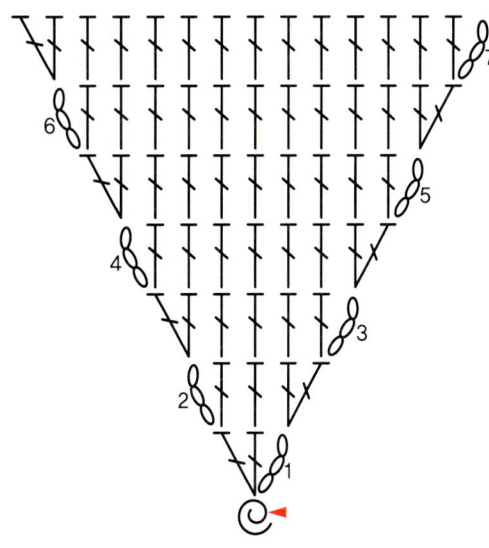

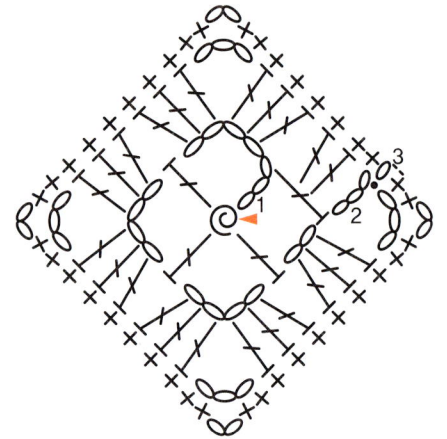

다이아몬드 모티브

3개를 만든다.

원형뜨기의 시작코 실 C와 모사용 코바늘 5호로, 실 끝을 고리로 만든다.

1단 사슬 7코(1번째 1길긴뜨기, 사슬 4코로 센다), 고리 안에 [1길긴뜨기, 사슬 4코]를 2회 반복, 고리 안에 [1길긴뜨기, 사슬 2코]를 1회 반복, 고리를 닫고, 단 시작 사슬 7코의 3번째 사슬에 1길긴뜨기.

2단 사슬 3코(1번째 1길긴뜨기로 센다), 다음 공간에 1길긴뜨기 2코, *모서리의 사슬 아래 빈 공간에 [1길긴뜨기 3코, 사슬 3코, 1길긴뜨기 3코]*를 3회 반복, 마지막 사슬 아래 빈 공간에 [1길긴뜨기 3코, 사슬 3코], 단 시작 사슬 3코의 3번째 사슬에 빼뜨기.

3단 사슬 1코, 사슬 1코가 떠진 자리에 짧은뜨기, 다음 5코에 짧은뜨기, *†모서리의 사슬 아래 빈 공간에 [짧은뜨기 2코, 사슬 2코, 짧은뜨기 2코]†, 다음 6코에 짧은뜨기*를 3회 반복, †에서 †까지 1회 반복, 실을 자르고 돗바늘로 매듭이 보이지 않게 마무리한다.

별 모티브

3개를 만든다.

원형뜨기의 시작코 실 D와 모사용 코바늘 5호로, 사슬 5코, 고리를 만들기 위해 빼뜨기한다.

1단 사슬 6코(1번째 1길긴뜨기, 사슬 3코로 센다), 고리 안에 [1길긴뜨기, 사슬 3코]를 4회 반복, 단 시작 사슬 6코의 3번째 사슬에 빼뜨기.

2단 사슬 1코, 각 사슬 아래 빈 공간에 [짧은뜨기, 1길긴뜨기, 2길긴뜨기, 사슬 3코, 사슬 3코의 1번째 사슬에 짧은뜨기, 2길긴뜨기, 1길긴뜨기, 짧은뜨기]를 단 끝까지 반복, 1번째 짧은뜨기에 빼뜨기, 실을 자른다.

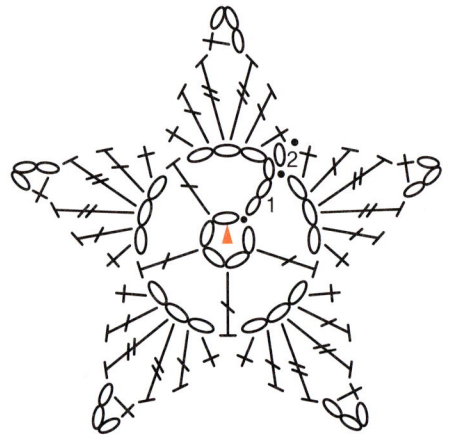

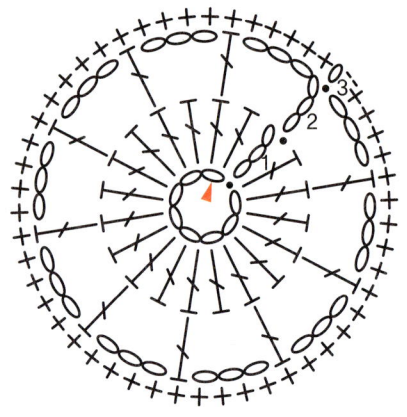

바퀴 모티브

4개를 만든다.

원형뜨기의 시작코 실 A와 모사용 코바늘 5호로, 사슬 8코, 고리를 만들기 위해 빼뜨기한다.

1단 사슬 3코(1번째 1길긴뜨기로 센다), 고리 안에 1길긴뜨기 19코, 단 시작 사슬 3코의 3번째 사슬에 빼뜨기.

2단 사슬 6코(1번째 1길긴뜨기, 사슬 3코로 센다), *전 단의 1코를 건너뛰고, 다음 코에 [1길긴뜨기, 사슬 3코]*를 9회 반복, 단 시작 사슬 6코의 3번째 사슬에 빼뜨기.

3단 사슬 1코, 사슬 1코가 떠진 자리에 짧은뜨기, *사슬 아래 빈 공간에 짧은뜨기 4코, 전 단의 1길긴뜨기 코에 짧은뜨기*를 9회 반복, 다음 사슬 아래 빈 공간에 짧은뜨기 4코, 실을 자르고 돗바늘로 매듭이 보이지 않게 마무리한다.

블로킹

다림천을 이용해, 모티브 편물 안쪽에 스팀 다림질을 해서 정확한 사이즈로 만든다.

바퀴 모티브 직경 5.5cm

육각형 모티브 가장자리에서 가장자리까지 5cm

다이아몬드 모티브 가장자리에서 가장자리까지 4.5cm

별 모티브 꼭짓점에서 꼭짓점까지 6cm

삼각형 모티브 꼭짓점에서 꼭짓점까지 6.5cm

마무리

실 F와 레이스용 코바늘 2호로, 오른쪽에서 왼쪽으로 다음과 같이 모티브를 연결한다.

1번째 고리 만들기 사슬 10코, 고리를 만들기 위해 빼뜨기, 사슬 1코, 고리 안에 짧은뜨기 20코, 1번째 짧은뜨기에 빼뜨기.

1번째 바퀴 모티브 연결하기 사슬 20코, 바퀴 모티브 가장자리 코 아무 데나 꼭대기에 짧은뜨기.

†**삼각형 모티브 연결하기** 사슬 30코, 삼각형 모티브 제일 오른쪽 꼭대기 코(사슬코)에 짧은뜨기, *사슬 3코, 1코 건너뛰고, 삼각형 모티브 다음 코에 짧은뜨기*를 7회 반복.

별 모티브 연결하기 사슬 30코, 별 모티브의 꼭짓점 아무 데나 짧은뜨기.

다이아몬드 모티브 연결하기 사슬 40코, 다이아몬드 모티브의 모서리 코 아무 데나 짧은뜨기.

육각형 모티브 연결하기 사슬 35코, 육각형 모티브 모서리 아무 데나 2번째 사슬코에 짧은뜨기, [사슬 3코, 1코 건너뛰기, 다음 1길긴뜨기 코에 짧은뜨기, 사슬 3코}를 3회 반복, 사슬 3코, 육각형 모티브 2번째 모서리의 2번째 사슬코에 짧은뜨기.

다음 바퀴 모티브 연결하기 사슬 35코, 바퀴 모티브의 가장자리 코 아무 데나 짧은뜨기†

남은 모티브 연결하기 모든 모티브가 갈런드에 연결될 때까지 †에서 †까지 반복

2번째 고리 만들기 사슬 30코, 고리를 만들기 위해 바늘에서 10번째 사슬에 빼뜨기, 고리 안에 짧은뜨기 20코, 돗바늘로 매듭이 보이지 않게 마무리하고 실 끝을 정리한다.

색 배치

▶ Girolée
▶ Light Green
▶ Bleu Layette
▶ Bleu Night
▶ Acanthe

기하학무늬 갈런드

꽃 화환

빈티지 스타일에서 영감을 받은 이 사랑스러운 꽃 화환은 여러분이 좋아하는 코바늘 꽃을 마음껏 뜰 수 있는 작품입니다. 고급스러운 알파카 실로 화환 틀을 감싼 후 린넨 실로 꽃을 뜨기 때문에 입체적인 모양을 유지하는 데 도움이 됩니다. 이 화환을 완벽한 그래니 시크 스타일로 만들기 위해 민트, 오렌지, 핑크, 옐로, 아이보리, 그리고 오리알의 푸른빛 같은 상큼한 봄의 색조를 선택했습니다!

필요한 재료와 도구

- 모사용 코바늘 5호
- Yarn Stories Linen 3p(laceweight) 50g(300m)
  508/Pink(실 A), 703/Yellow(실 B), 102/Off-white(실 C), 409/Orange(실 D), 310/Mint(실 E) 각 1볼
- Wool and The Gang Wooly Bully Alpaca 50g(40m)
  Mr Blue Sky(실 F) 1볼
- 직경 17cm 화환 틀
- 30cm 길이 페일 핑크 색 벨벳 리본
- 2cm 단추 1개
- 돗바늘
- 가위
- 리본을 꿰맬 실과 바늘
- 접착테이프나 풀

대체 실

아름다운 질감을 가진 실이라면 어떤 실이든 화환 틀을 감싸는 데 적당하다. 4ply(fingering) 굵기나 그보다 얇은 실이 꽃을 뜨는 데 좋다. 화환 크기에 비해 꽃이 너무 크지 않도록 한다.

특별한 무늬

pc = 팝콘뜨기
이 도안에서 팝콘뜨기는 1길긴뜨기 5코로 만들어진다. 그 후에 작업하는 사슬은 팝콘뜨기의 일부분으로 치지 않는다.

게이지

Yarn Stories Linen 실 2겹으로, 1길긴뜨기 6단(각 단에서 12코씩 코늘림) = 10cm

완성 크기

직경 17cm(고리 제외)

도안

작품의 처음부터 끝까지 모든 꽃과 나뭇잎 모티브는 Yarn Stories Linen 실을 사용하며, 같은 색 2겹으로 작업한다.

중간 꽃 모티브

실 A와 D, C와 B, A와 C로 각 1개씩 3개를 만든다.

원형뜨기의 시작코 사슬 6코, 고리를 만들기 위해 빼뜨기한다.

1단 사슬 2코, 고리 안에 [팝콘뜨기, 사슬 3코]를 5회 반복, 1번째 팝콘뜨기 꼭대기에 빼뜨기, 실을 자른다.

2단 사슬 아래 빈 공간 아무 데나 실을 연결해 사슬 1코, 각 사슬 아래 빈 공간에 [짧은뜨기, 긴뜨기, 1길긴뜨기, 2길긴뜨기 3코, 1길긴뜨기, 긴뜨기, 짧은뜨기]를 단 끝까지 반복, 1번째 짧은뜨기에 빼뜨기로 연결하고 실을 자른다.

작은 꽃 모티브

실 D로 2개, 실 A, B, C로 각 1개씩 5개를 만든다.

원형뜨기의 시작코 사슬 4코, 고리를 만들기 위해 빼뜨기한다.

1단 [사슬 5코, 고리 안에 빼뜨기]를 5회 반복.

2단 각 사슬 아래 빈 공간에 짧은뜨기 8코를 단 끝까지 반복, 1번째 짧은뜨기에 빼뜨기, 실을 자른다.

갈런드와 장식품

나뭇잎 모티브

실 E로 8개를 만든다.

1단 바늘에서 2번째 사슬에서 시작해, *짧은뜨기, 긴뜨기, 1길긴뜨기 3코, 긴뜨기, 짧은뜨기*, 나뭇잎의 뾰족한 부분에 [사슬 3코, 바늘에서 3번째 사슬에 짧은뜨기], 편물을 회전시켜, 시작 사슬코의 바닥을 따라 *에서 *까지 반복, 실을 자른다.

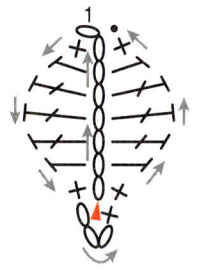

큰 꽃 모티브

실 A와 B, B와 C, D와 A로 각 1개씩 3개를 만든다.

원형뜨기의 시작코 사슬 6코, 고리를 만들기 위해 빼뜨기한다

1단 사슬 2코(1번째 긴뜨기로 센다), 고리 안에 긴뜨기 7코, 단 시작 사슬 2코의 2번째 사슬에 빼뜨기.

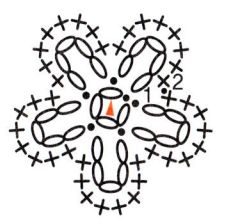

2단 사슬 6코(1번째 긴뜨기, 사슬 4코로 센다). *긴뜨기, 사슬 4코*를 7회 반복, 단 시작 사슬 6코의 2번째 사슬에 빼뜨기, 실을 자른다.

3단 사슬 아래 빈 공간 아무 데나 실을 연결하여 사슬 1코, 각 사슬 아래 빈 공간마다 [사슬 아래 빈 공간에 빼뜨기, 사슬 4코, 2길긴뜨기 5코, 1길긴뜨기 2코, 긴뜨기, 짧은뜨기]를 단 끝까지 반복, 단 시작 사슬 4코가 떠진 자리에 빼뜨기, 실을 자른다.

마무리

꽃과 나뭇잎 모티브의 입체적인 모양이 유지되도록 블로킹이나 다림질을 하지 않는다.

화환 틀 감싸기

실 F를 이용해, 실 끝을 화환 틀의 뒷면에 테이프나 풀로 붙인다. 앞서 감았던 가닥 옆에 깔끔하고 단단하게 감기도록 주의하며, 틀의 안쪽에서 실을 감기 시작한다. 한 겹 감은 후에도 바깥쪽에서 여전히 틀이 보이기 때문이다. 두 번째 감을 때는 바깥쪽에서 시작해 틈을 메우며 감는다. 세 번째 감을 때는 남은 틈을 메우며 감는다. 실을 자르고 풀리지 않게 뒤쪽에서 마무리한다.

고리 만들기

벨벳 리본을 한쪽 끝에서 1cm 접어, 화환의 꼭대기에 단단히 감는다. 바늘과 리본 색에 어울리는 실을 이용한다. 접은 끝을 리본에 손바느질로 꿰매 화환에 고정시킨다.

리본의 반대쪽 끝도 1cm 접고, 4cm만큼 또 접어 고리를 만든다. 풀리지 않게 손바느질로 꿰맨다. 바느질한 곳에 단추를 달고 실을 자른다.

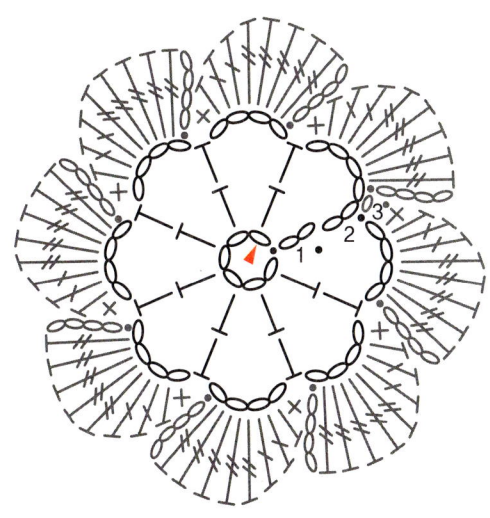

꽃 붙이기

꽃 색에 어울리는 린넨 실 1가닥을 이용해, 사진 속의 화환을 참고하여 꽃과 나뭇잎 모티브를 자리 잡아 꿰맨다. 실을 자르고 끝이 보이지 않게 정리한다.

몽상가의 드림캐처

드림캐처는 아이들을 나쁜 꿈에서 보호해준다고 믿었던 북아메리카 Ojibwe 부족에서 유래되었습니다. 원래는 아기 요람에 걸어두었던 것으로, 나쁜 꿈이 섬세한 거미줄 모양의 그물에 걸려서 꿈을 꾸는 사람에게 좋은 생각만 전해준다고 믿었다고 합니다. 이 믿음은 전 세계의 많은 사람들에게 널리 받아들여졌고, 나 역시 작업실에 하나 걸어두었습니다. 부정적이거나 식상한 생각을 하지 않도록 스스로를 일깨우기 위해서.

△ 드림캐쳐 그물

필요한 재료와 도구

- 모사용 코바늘 5호
- Yarn Stories Linen 3ply(laceweight) 50g(274m)
  102/Off-white 1볼
- 17.5cm 금속 원형틀(전등갓의 고리 같은)
- 길이 약 110m, 너비 2.5cm 리본 6개(면 퀼트 원단 1/4마로 만들 수 있다.)
- 직경 12mm 자개단추 15개
- 양면테이프와 공예 가위
- 돗바늘
- 가위
- 블로킹 핀
- 스프링 걸이(금속 틀을 지탱할 수 있을 만큼 충분히 큰)
- 바늘/원단 색깔에 어울리는 실

대체 실

표준 4ply(fingering) 굵기의 어떤 실로든 대체할 수 있지만 시작하기 전에 세심하게 게이지를 확인하는 것이 중요하다.

게이지

실을 2겹으로 잡고, 1길긴뜨기로 6단
(각 단마다 12코씩 코늘림) = 10cm

완성 크기

18×86cm

도안

드림캐처 그물

원형뜨기의 시작코 모사용 코바늘 5호와 실 2겹으로 사슬 8코, 고리를 만들기 위해 빼뜨기한다.

1단 사슬 3코, 2길긴뜨기 2코 구슬뜨기(1번째 2길긴뜨기 3코 구슬뜨기로 센다), *사슬 3코, 2길긴뜨기 3코 구슬뜨기*를 7회 반복, 사슬 3코, 단 시작의 2길긴뜨기 2코 구슬뜨기 꼭대기에 빼뜨기.

2단 사슬 1코, 각 사슬 아래 빈 공간에 [짧은뜨기, 긴뜨기, 1길긴뜨기, 사슬 2코, 1길긴뜨기, 긴뜨기, 짧은뜨기]를 단 끝까지 반복, 1번째 짧은뜨기에 빼뜨기, 실을 자른다.

3단 전 단의 사슬 아래 빈 공간 아무 데나 실을 연결해 사슬 5코(1번째 2길긴뜨기, 사슬 1코로 센다), 같은 사슬 아래 빈 공간에 [2길긴뜨기, 사슬 1코]를 4회 반복, 각 사슬 아래 빈 공간에 [2길긴뜨기, 사슬 1코]를 5회 반복, 단 시작 사슬 5코의 4번째 사슬에 빼뜨기.

4단 사슬 3코(1번째 1길긴뜨기로 센다), *†다음 3코에 1길긴뜨기 2코 넣어뜨기, 다음 코에 1길긴뜨기, 사슬 2코†, 다음 코에 1길긴뜨기*를 7회 반복, †에서 †까지 1회 반복, 단 시작 사슬 3코의 3번째 사슬에 빼뜨기.

5단 사슬 1코, 사슬코가 떠진 자리에 짧은뜨기, *†긴뜨기, 1길긴뜨기, 다음 코에 [1길긴뜨기, 2길긴뜨기, 사슬 1코], 다음 코에 [2길긴뜨기, 1길긴뜨기], 1길긴뜨기, 긴뜨기, 짧은뜨기, 사슬 아래 빈 공간에 빼뜨기†, 짧은뜨기*를 7회 반복, †에서 †까지를 1회 반복, 1번째 짧은뜨기에 빼뜨기, 실을 자른다.

6단 전 단의 사슬 아래 빈 공간 아무 데나 실을 연결해서, 사슬 6코(1번째 2길긴뜨기, 사슬 2코로 센다), 같은 사슬 아래 빈 공간에 [(1길긴뜨기, 사슬 2코)를 2회 반복, 2길긴뜨기], *†사슬 3코, 전 단의 다음 짧은뜨기 2코에 2길긴뜨기 2코 모아뜨기, 사슬 3코†, 다음 사슬 아래 빈 공간에 [2길긴뜨기, 사슬 2코, (1길긴뜨기, 사슬 2코)를 2회 반복, 2길긴뜨기]*를 7회 반복, †에서 †까지 1회 반복, 단 시작 사슬 6코의 4번째 사슬에 빼뜨기.

7단 사슬 6코(1번째 1길긴뜨기, 사슬 3코로 센다), *†다음 코에 [1길긴뜨기, 사슬 2코]†, 다음 4코에 [1길긴뜨기, 사슬 3코]*를 7회 반복, †에서 †를 1회 반복, 다음 3코에 [1길긴뜨기, 사슬 3코], 단 시작 사슬 6코의 3번째 사슬에 빼뜨기.

8단 사슬 1코, 사슬코가 떠진 자리에 짧은뜨기, 사슬 3코, 전 단의 1길긴뜨기 코마다 [짧은뜨기, 사슬 3코], 1번째 짧은뜨기에 빼뜨기, 실을 자르고 끝이 보이지 않게 정리한다.

블로킹

드림캐처 그물을 직경 16.5cm 크기로 스팀 블로킹한다.

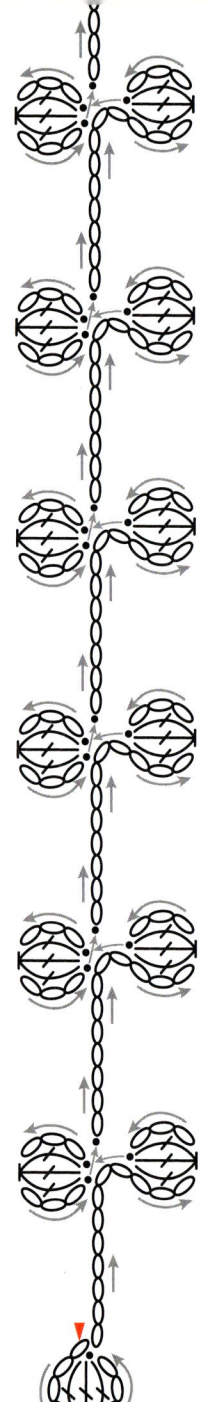

▲ 코바늘 끈

코바늘 끈

코바늘 끈을 2개는 길게, 2개는 짧게 총 4개를 만든다.

그림에서 보이는 것과 같이 반복하여 끈의 꽃봉오리를 만든다.: 긴 끈(짧은 끈)

First 모사용 코바늘 5호와 실 2겹으로, 20cm 정도 실 꼬리를 남기고, 사슬 4코, 바늘에서 4번째 사슬에 1길긴뜨기 3코 구슬뜨기, 사슬 3코, 구슬뜨기 코가 떠진 자리에 빼뜨기.

Next *사슬 12코, 바늘에서 4번째 사슬에 1길긴뜨기 3코 구슬뜨기, 사슬 3코, 구슬코가 떠진 자리에 빼뜨기, 다음 사슬코에 빼뜨기, 사슬 3코, 구슬코가 떠진 자리에 1길긴뜨기 3코 구슬뜨기, 사슬 3코, 구슬뜨기가 떠진 자리에 빼뜨기, 편물을 돌리고, 방금 만들어진 꽃봉오리 2개 사이에 빼뜨기*를 15(10)회 반복, 사슬 12코, 20cm 정도 실 꼬리를 남기고 자른다.

단추 달기

돗바늘과 끈을 시작할 때 남겨둔 실 20cm로, 단추를 각 끈의 1번째 꽃봉오리에 꿰맨다. 단추 3개는 긴 끈에 있는 꽃봉오리에, 2개는 짧은 끈에 있는 꽃봉오리에 무작위로 꿰맨다.

마무리

천으로 금속 틀 감싸기

양면테이프로 금속 틀을 7.5cm 감싼다. 테이프로 감싼 부분의 중간지점에서, 천 끈의 한쪽 끝을 45도 각도로 고정시키고 금속 띠 주위를 감싸기 시작한다. 틀을 완전히 감추기 위해 앞서 감은 부분을 겹쳐가며 감싼다 (천 끈 1개로도 충분할 것이다). 시작점으로 돌아오면, 양면테이프를 천 끝에 조금 붙여 자리를 잡고 실로 감아 고정시킨다.

드림캐처 그물 넣기

드림캐처 그물을 금속 틀 안에 고정시키기 위해 스프링 걸이를 사용한다. 돗바늘에 1.5m 길이의 실 2겹을 꿰어, 드림캐처 그물의 마지막 단에서 작업한 짧은뜨기 코 아무데나 넣어서 금속틀에 단단히 매듭짓는다. 짧은뜨기 코마다 통과시켜 금속 틀 위로 감침질하며 모든 코를 틀 주위로 고르게 분산하여 그물을 틀에 꿰맨다. 실을 자르고 풀리지 않게 마무리한다.

원단 리본 달기

원단 리본 하나를 잡아 반으로 접어 중심에 고리를 만든다. 드림캐처 틀 둘레로 고리를 넣어 드림캐처 그물의 아래쪽 가장자리에 있는 사슬 3코 공간 사이로 통과시킨다. 코바늘을 이용하면 좁은 공간을 통과시킬 때

 TIPS & TRICKS

원단 리본을 만들 때 약 25×112cm 쯤 되는 길이로 자른 표준 퀼트 면 원단 1/4마를 이용하면 쉽다. 이 작품에서는 Rae Hoekstra의 Lotus Pond collection 중 흰색 Meadow Blossoms organic cotton을 사용했다. 수성펜을 이용해 가장자리를 따라 2.5cm 간격으로 표시한다. 표시한 지점을 가로로 대략 같은 길이(즉, 2.5cm)만큼 자른다. 원단을 찢어 긴 끈으로 만들고 늘어진 실밥을 제거한다. 사용하기 전에 원단 리본을 스팀 다림질한다.

편리하다. 원단 리본 끝을 고리 사이로 통과시켜 단단히 잡아당긴다.

드림캐처 그물 아래쪽 가장자리에 있는 사슬 3코 공간에 교대로 추가하며, 남은 원단 리본 4개도 동일하게 작업한다.

원단 리본이 아래쪽에서 깊은 V 모양이 되도록 리본을 다양한 길이로 다듬는다.

코바늘 끈 달기
돗바늘과 코바늘 끈 끝에 남겨둔 20cm 길이의 실로, 중심에 있는 원단 리본의 양 옆에 긴 코바늘 끈을 꿰맨다. 짧은 리본을 가지고 바깥쪽에 있는 원단 리본 사이에도 위의 과정과 동일하게 작업한다. 실을 자른다.

고리 달기
First 모사용 코바늘 5호와 실 2겹으로, 30cm 정도 실 꼬리를 남겨두고, 사슬 6코.

Next 사슬을 드림캐처 그물과 금속 위로 1바퀴 감고, 1번째 사슬에 빼뜨기해 고정시킨다.

Next 사슬 6코, 바늘에서 4번째 사슬에 1길긴뜨기 3코 구슬뜨기, 사슬 3코, 구슬뜨기가 떠진 자리에 빼뜨기, 다음 사슬에 빼뜨기, 사슬 3코, 구슬코가 떠진 자리에 1길긴뜨기 3코 구슬뜨기, 사슬 3코, 구슬코가 떠진 자리에 빼뜨기, 편물을 돌린다. 방금 만들어진 꽃봉오리 2개 사이에 빼뜨기.

Next 사슬 30코(혹은 원하는 길이만큼), 바늘에서 8번째 사슬에 빼뜨기해 고리 만들기.

Next 고리 안에 짧은뜨기 14코, 1번째 짧은뜨기에 빼뜨기, 실을 자르고 끝이 보이지 않게 정리한다.

To finish 돗바늘과 30cm 길이의 실로, 마지막 단추를 고리의 시작 부분에 있는 꽃봉오리 2개 사이에 꿰맨다.

큰 사이즈의 꽃무 벽걸이

큰 사이즈의 꽃무 벽걸이는 여러분의 주거공간에 손으로 만질 수 있는 촉감을 더해주는 멋진 작품입니다. 모티브 하나는 주방이나 식탁에서 냄비받침으로 쓰이지만, 여러 개를 이으면 컬러 블록의 기하학적인 벽걸이가 만들어져 깜짝 놀랄 만큼 멋집니다.

필요한 재료와 도구

- 12mm 점보 코바늘
- Wool And The Gang, Jersey Be Good 500g(99.5m) True Blue, Spearmint Green, Hot Latte 각 1콘
- 귀가 넓고 뭉툭한 돗바늘
- 가위
- 바늘과 질긴 실

대체 실

저지 실(jersey yarn)은 제조사에 따라 매우 다양하기 때문에 책과 다른 실로 대체하려면 실 굵기에 잘 맞는 코바늘을 이용해야 한다. 이 작품은 대부분 어떤 바늘이나 실과도 잘 맞는 편이지만, 다른 굵기의 실과 바늘을 사용하면 완성 크기가 달라지므로 주의가 필요하다.

게이지

각 꽃 모티브는 블로킹 후에 직경 24.5cm 크기이다.

완성 크기

꽃무 벽걸이는 세로 67cm, 가로 1m

도안

꽃무

Spearmint Green, True Blue, Hot Latte 색으로 각 3개씩 9개를 만든다.

원형뜨기의 시작코 저지실과 12mm 점보 코바늘로, 사슬 8코, 고리를 만들기 위해 빼뜨기한다.

1단 사슬 3코(1번째 1길긴뜨기로 센다), 고리 안에 1길긴뜨기 19코, 단 시작 사슬 3코의 3번째 사슬에 빼뜨기.

2단 사슬 2코, 다음 코에 1길긴뜨기(1번째 1길긴뜨기 2코 모아뜨기로 센다), *사슬 3코, 다음 2코에 1길긴뜨기 2코 모아뜨기*를 9회 반복, 사슬 3코, 1번째 1길긴뜨기 2코 모아뜨기 꼭대기에 빼뜨기.

3단 사슬 1코, 각 사슬 아래 빈 공간에 [짧은뜨기, 긴뜨기, 1길긴뜨기, 사슬 1코, 1길긴뜨기, 긴뜨기, 짧은뜨기]를 단 끝까지 반복, 1번째 짧은뜨기에 빼뜨기, 실을 자르고 끝이 보이지 않게 정리한다.

블로킹

손가락을 반대편 사슬 아래 빈 공간에 넣어 꽃을 모티브 바깥쪽으로 당긴다. 모든 꽃잎에 동일하게 작업한다. 모티브의 겉면이 아래로 향하도록 놓고, 반대편에서 가볍게 스팀 블로킹한다. 스팀이 앞쪽으로 통과되도록. 꽃 모티브를 부드럽게 잡아당겨 깔끔하게 모양을 잡는다. 완전히 마르도록 둔다.

마무리

꽃 모티브 잇기

모티브를 겉면이 아래로 향하도록 놓고 완성 사진을 참고해서 색상별로 배치한다. 바늘과 질긴 실로, 도안에서 붉은 별로 표시한 지점에서 감침질로 꽃잎을 함께 꿰맨다. 겉면에서 바늘땀이 보이지 않도록 주의한다.

벽걸이 전시하기

작은 패널 핀(panel pin)이 꽃무 벽걸이를 전시하는 데 유용하다. 전시가 끝난 후에 꽃 모티브 사이로 잘 가려지기 때문이다. 위쪽 가장자리에 있는 모티브에 1개씩, 패널 핀 5개면 벽걸이를 거는 데 충분하다. 벽에 패널 핀을 꽂을 자리를 표시하고서, 겉에서 보이지 않으면서도 벽걸이를 지탱하기에 적당하도록 1cm 정도 남기고 못을 박는다.

 TIPS & TRICKS

저지 실 끝을 정리할 때 쉽게 바늘에 꿰려면, 먼저 말려 있는 실을 펼쳐 납작하게 만든 후 반으로 접어 바늘귀에 꿴다. 몇 cm만 꿰매면 단단히 고정하기에 충분하다.

큰 사이즈의 꽃무 벽걸이

냄비받침

심플한 전통적인 원형 냄비받침

이전에 한 번도 냄비받침을 떠본 적이 없다면, 이 심플한 그래니 원형 모티브가 딱입니다. 기본적인 그래니 스퀘어를 뜨는 것만큼이나 간단해서 몇 시간 만에 후딱 완성할 수 있습니다. 아주 부드럽지만 견고한 머서라이즈드 코튼(mercerized cotton)을 사용했습니다. 복원력이 있어 잦은 세탁이나 높은 온도에서도 잘 견디기 때문에 주방에서 매일 사용하기에 좋은 섬유입니다. 실용적인 데다가 예쁘기까지 하죠! 냄비받침에 이것 말고 뭐가 더 필요할까요?

필요한 재료와 도구

- 모사용 코바늘 5호
- DMC Petra size 3 100g(280m) Ecru(실 A), 5742/Yellow(실 B), 53814/Emerald(실 C), 54463/Sky(실 D), 5722/Orange(실 E), 54461/Pale Pink(실 F) 각 1볼
- 돗바늘
- 가위

대체 실

표준 4ply(fingering) 굵기의 어떤 실로든 대체할 수 있지만, 시작하기 전에 세심하게 게이지를 확인하는 것이 중요하다.

게이지

1길긴뜨기 7단(각 단에서 12코씩 코늘림) = 10cm

완성 크기

직경 18cm

도안

앞판과 뒤판

전통적인 원형 냄비받침 앞판과 뒤판은 같은 콧수와 색 배열로 작업된다. 앞판을 시작하기 전에 30cm 정도 실 꼬리를 남겨둔다.

원형뜨기의 시작코 실 A와 모사용 코바늘 5호로, 사슬 5코, 고리를 만들기 위해 빼뜨기.

1단 사슬 4코(1번째 1길긴뜨기, 사슬 1코로 센다), 고리 안에 [1길긴뜨기, 사슬 1코]를 7회 반복, 단 시작 사슬 4코의 3번째 사슬에 빼뜨기.

2단 다음 사슬 아래 빈 공간에 빼뜨기, 사슬 3코(1번째 1길긴뜨기로 센다), 같은 공간에 [1길긴뜨기, 사슬 1코], 각 사슬 아래 빈 공간에 [1길긴뜨기 2코 넣어뜨기, 사슬 1코]를 단 끝까지 반복, 단 시작 사슬 3코의 3번째 사슬에 빼뜨기.

3단 사슬 4코(1번째 1길긴뜨기, 사슬 1코로 센다), 다음 7개의 사슬 아래 빈 공간에 [1길긴뜨기 3코 넣어뜨기, 사슬 1코], 마지막 사슬 아래 빈 공간에 1길긴뜨기 2코, 단 시작 사슬 4코의 3번째 사슬에 빼뜨기, 실을 자른다.

4단 사슬 아래 빈 공간 아무 데나 실 B를 연결해서, 사슬 3코(1번째 1길긴뜨기로 센다), 같은 사슬 아래 빈 공간에 [1길긴뜨기, 사슬 1코, 1길긴뜨기 2코 넣어뜨기, 사슬 1코], 각 사슬 아래 빈 공간에 [1길긴뜨기 2코 넣어뜨기, 사슬 1코]를 2회 반복, 단 시작 사슬 3코의 3번째 사슬에 빼뜨기, 실을 자른다.

5단 사슬 아래 빈 공간 아무 데나 실 A를 연결해서, 사슬 3코(1번째 1길긴뜨기로 센다), 같은 공간에 [1길긴뜨기 2코 넣어뜨기, 사슬 1코], 각 사슬 아래 빈 공간에 [1길긴뜨기 3코 넣어뜨기, 사슬 1코]

◁ 테두리를 작업한 앞판과 뒤판

를 단 끝까지 반복, 단 시작 사슬 3코의 3번째 사슬에 빼뜨기, 실을 자른다.

6단 사슬 아래 빈 공간 아무 데나 실 C를 연결해서, 4단과 동일하게 작업하고 실을 자른다.

7단 사슬 아래 빈 공간 아무 데나 실 D를 연결해서, 사슬 3코(1번째 1길긴뜨기로 센다), 같은 공간에 1길긴뜨기, 각 사슬 아래 빈 공간에 1길긴뜨기 2코 넣어뜨기를 단 끝까지 반복, 단 시작 사슬 3코의 3번째 사슬에 빼뜨기, 실을 자른다.

8단 전 단의 1길긴뜨기 2코 넣어뜨기 사이 아무 데나 실 E를 연결해서, 사슬 3코(1번째 1길긴뜨기로 센다), 같은 공간에 [1길긴뜨기, 사슬 1코], 2개의 1길긴뜨기 2코 넣어뜨기 코 사이에 [1길긴뜨기2코넣어뜨기, 사슬 1코]를 단 끝까지 반복, 단 시작 사슬 3코의 3번째 사슬에 빼뜨기, 실을 자른다.

9단 사슬 아래 빈 공간 아무 데나 실 A를 연결해서, 사슬 3코(1번째 1길긴뜨기로 센다), 같은 공간에 1길긴뜨기 2코 넣어뜨기, 각 사슬 아래 빈 공간에 1길긴뜨기 3코 넣어뜨기를 단 끝까지 반복, 단 시작 사슬 3코의 3번째 사슬에 빼뜨기.

10단 사슬 3코(1번째 1길긴뜨기로 센다), 전 단의 1길긴뜨기 3코 넣어뜨기 코 사이의 각 공간에 1길긴뜨기 3코 넣어뜨기, 마지막 공간에 1길긴뜨기 2코 넣어뜨기, 단 시작 사슬 3코의 3번째 사슬에 빼뜨기, 실을 자른다.

11단 전 단의 1길긴뜨기 3코 넣어뜨기 코 사이 아무 데나 실 D를 연결해서, 5단과 동일하게 작업하고 실을 자른다.

12단 전 단의 사슬 아래 빈 공간 아무 데나 실 F를 연결해서, 5단과 동일하게 작업하고 실을 자른다.

13단 사슬 아래 빈 공간 아무 데나 실 B를 연결해서, 4단과 동일하게 작업하고 실을 자른다.

마무리

앞판과 뒤판 연결하기
앞판과 뒤판의 실 끝을 보이지 않게 정리한다. 모티브의 안면이 서로 마주 보도록 앞판과 뒤판을 겹쳐 잡고, 무늬가 나란히 오도록 놓는다. 돗바늘과 30cm 길이의 실로, 모티브 중심의 공간과 1단에서 작업한 1길긴뜨기 코를 통과해 감침질하여 편물을 꿰맨다. 앞판과 뒤판 사이에서 실을 자르고 실 끝이 보이지 않게 정리한다.

테두리
모든 테두리 코는 앞판과 뒤판의 사슬 아래 빈 공간 둘 다를 통과하도록 작업한다.

First 앞판을 보면서 가장자리의 코를 나란히 세운다.

1단 전 단의 1길긴뜨기 2코 넣어뜨기 코 중심의 사슬 아래 빈 공간 아무 데나 실 A를 연결해서, 사슬 1코, 같은 공간에 짧은뜨기, *다음 사슬 아래 빈 공간에 1길긴뜨기 6코 넣어뜨기, 다음 사슬 아래 빈 공간에 짧은뜨기*를 5회 반복.

고리 만들기 다음 사슬 아래 빈 공간에 짧은뜨기 3코, 다음 사슬 아래 빈 공간에 짧은뜨기, 사슬 15코, 뒤로 작업하며 전의 1길긴뜨기 6코 넣어뜨기 코 다음에 작업한 1번째 짧은뜨기 코에 빼뜨기, 전의 1길긴뜨기 6코 넣어뜨기 코에서 마지막으로 작업한 1길긴뜨기 코에 빼뜨기, 앞으로 작업하며 사슬 아래 빈 공간에 짧은뜨기 20코, 사슬 15코 전에 작업한 마지막 짧은뜨기한 자리에 빼뜨기.

1단 계속 작업 *에서 *을 26회 반복, 다음 사슬 아래 빈 공간에 1길긴뜨기 6코, 1번째 짧은뜨기에 빼뜨기, 실을 자르고 실 끝이 보이지 않게 마무리한다.

블로킹
다림천을 이용해 편물의 뒷면에 스팀 블로킹한다.

화려한 장미 냄비받침

이 냄비받침은 꽃잎을 겹겹이 작업한 아이리시 크로셰(Irish crochet)의 화려하거나 작은 모든 장미 모티브에서 영감을 얻었습니다. 장미 모티브는 나에게 끊임없이 영감을 줍니다. 이 작품에서는 전통적인 흰색으로 장미 판을 작업하고, 밝은 노랑색을 배경으로 톡톡 튀는 색감을 더해 아이리시 크로셰의 느낌을 살렸습니다. 냄비받침으로 벽을 장식할 때 꼭 있어야 할 작품입니다.

▽ 앞판 : 중심

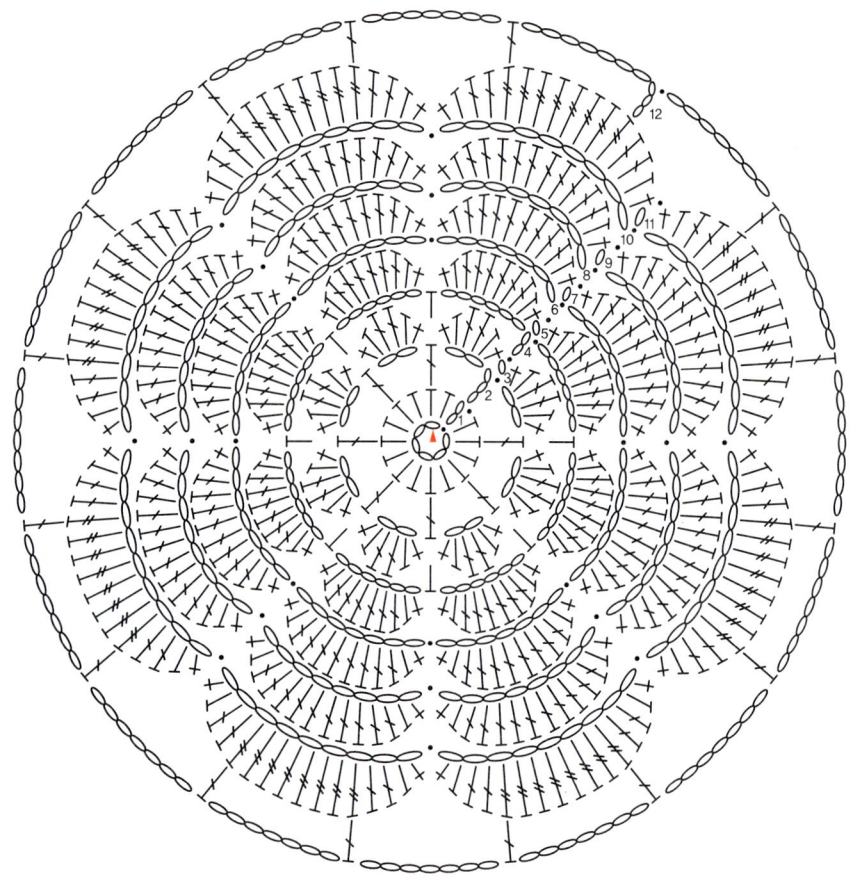

필요한 재료와 도구

▸ 모사용 코바늘 5호
▸ DMC Petra, size 3 100g(280m)
  5200/White(실 A), 5742/Yellow(실 B),
  Ecru(실 C) 각 1볼
▸ 돗바늘
▸ 가위

대체 실

표준 4ply(fingering) 굵기의 어떤 실로든 대체할 수 있지만 시작하기 전에 세심하게 게이지를 확인하는 것이 중요하다.

게이지

1길긴뜨기 7단(각 단에서 12코씩 코늘림) = 10cm

완성 크기

19.5cm(고리 제외)

도안

앞판

원형뜨기의 시작코 실 A와 모사용 코바늘 5호로, 실 꼬리를 30cm 남겨두고, 사슬 6 코, 고리를 만들기 위해 빼뜨기한다.

1단 사슬 2코(1번째 긴뜨기로 센다), 고리 안에 긴뜨기 15코, 단 시작 사슬 2코의 2번째 사슬에 빼뜨기.

2단 사슬 5코(1번째 1길긴뜨기, 사슬 2코로 센다), *전 단의 1코를 건너뛰고, 다음 코에 1길 긴뜨기, 사슬 2코*를 7회 반복, 단 시작 사슬 5코의 3번째 사슬에 빼뜨기.

3단 사슬 1코, 각 사슬 아래 빈 공간에 [짧은뜨기, 긴뜨기, 1길긴뜨기 2코, 긴뜨기, 짧은뜨기]를 단 끝까지 반복, 1번째 짧은뜨기에 빼뜨기.

 TIPS & TRICKS

흰색 장미 대신에 화려함을 더하고 싶다면 꽃잎 단을 각각 다른 색으로 떠서 화려함을 돋보이게 해줄 흰색 뒤판에 덧대면 된다. 혹은 화려한 옴버(ombré) 효과를 위해 여러분이 좋아하는 색을 선택할 수도 있다.

4단 사슬 8코(1번째 긴뜨기, 사슬 6코로 센다), *전 단의 다음 꽃잎 2개 사이에 긴뜨기, 사슬 6코*를 7회 반복, 단 시작 사슬 8코의 3번째 사슬에 빼뜨기.

5단 사슬 1코, 각 사슬 아래 빈 공간에 [짧은뜨기, 긴뜨기, 1길긴뜨기 6코, 긴뜨기, 짧은뜨기]를 단 끝까지 반복, 1번째 짧은뜨기에 빼뜨기.

6단 *사슬 7코, 다음 꽃잎 2개의 짧은뜨기 사이에 빼뜨기*를 8회 반복.

7단 사슬 1코, 각 사슬 아래 빈 공간에 [짧은뜨기, 긴뜨기, 1길긴뜨기 8코, 긴뜨기, 짧은뜨기]를 단 끝까지 반복, 1번째 짧은뜨기에 빼뜨기.

8단 *사슬 8코, 다음 꽃잎 2개(의 짧은뜨기) 사이에 빼뜨기*를 8회 반복.

9단 사슬 1코, 각 사슬 아래 빈 공간에 [짧은뜨기, 긴뜨기, 1길긴뜨기 10코, 긴뜨기, 짧은뜨기]를 단 끝까지 반복, 1번째 짧은뜨기에 빼뜨기.

10단 *사슬 9코, 다음 꽃잎 2개의 짧은뜨기 사이에 빼뜨기*를 8회 반복.

11단 사슬 1코, 각 사슬 아래 빈 공간에 [짧은뜨기, 긴뜨기, 1길긴뜨기 2코, 2길긴뜨기 8코, 1길긴뜨기 2코, 긴뜨기, 짧은뜨기]를 단 끝까지 반복, 1번째 짧은뜨기에 빼뜨기, 실을 자른다.

12단 전 단의 꽃잎 아무 데나 5번째 코에 실 A를 연결해서, 사슬 10코(1번째 1길긴뜨기, 사슬 7코로 센다), 같은 꽃잎의 12번째 코에 [1길긴뜨기, 사슬 7코], 각 꽃잎마다 5번째 그리고 12번째 코에 [1길긴뜨기, 사슬 7코]를 단 끝까지 반복, 단 시작 사슬 10코의 3번째 사슬에 빼뜨기.

13단 사슬 1코, 각 사슬 아래 빈 공간에 [짧은뜨기, 긴뜨기, 1길긴뜨기 8코, 긴뜨기, 짧은뜨기]를 단 끝까지 반복, 1번째 짧은뜨기에 빼뜨기, 실을 자른다.

14단 전 단의 꽃잎 아무 데나 4번째 코에 실 A를 연결해서, 사슬 7코(1번째 1길긴뜨기, 사슬 4코로 센다), 같은 꽃잎의 9번째 코에 [1길긴뜨기, 사슬 4코], *다음 꽃잎의 4번째 그리고 9번째 코에 [1길긴뜨기, 사슬 4코]*를 15회 반복, 단 시작 사슬 7코의 3번째 사슬에 빼뜨기.

15단 사슬 1코, 각 사슬 아래 빈 공간에 [짧은뜨기, 긴뜨기, 1길긴뜨기 3코, 긴뜨기, 짧은뜨기], 1번째 짧은뜨기에 빼뜨기.

16단 *사슬 5코, 다음 꽃잎 2개(의 짧은뜨기) 사이에 빼뜨기*를 32회 반복.

17단 15단과 동일하게 작업한다.

18단 16단과 동일하게 작업하고, 실을 자른다.

▽ 주의: 전 그림 도안의 12단이 반복됨.

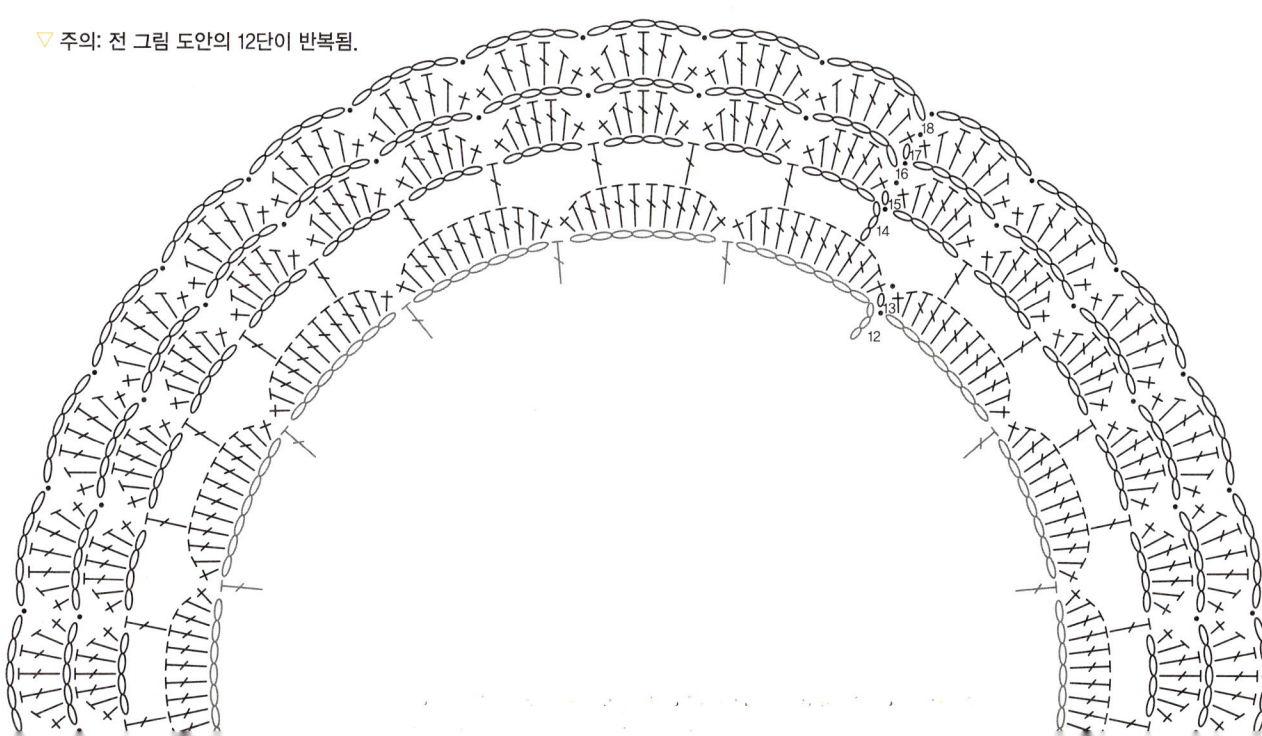

뒤판

원형뜨기의 시작코 실 B와 모사용 코바늘 5호로 사슬 6코, 고리를 만들기 위해 빼뜨기한다.

▽ 뒤판

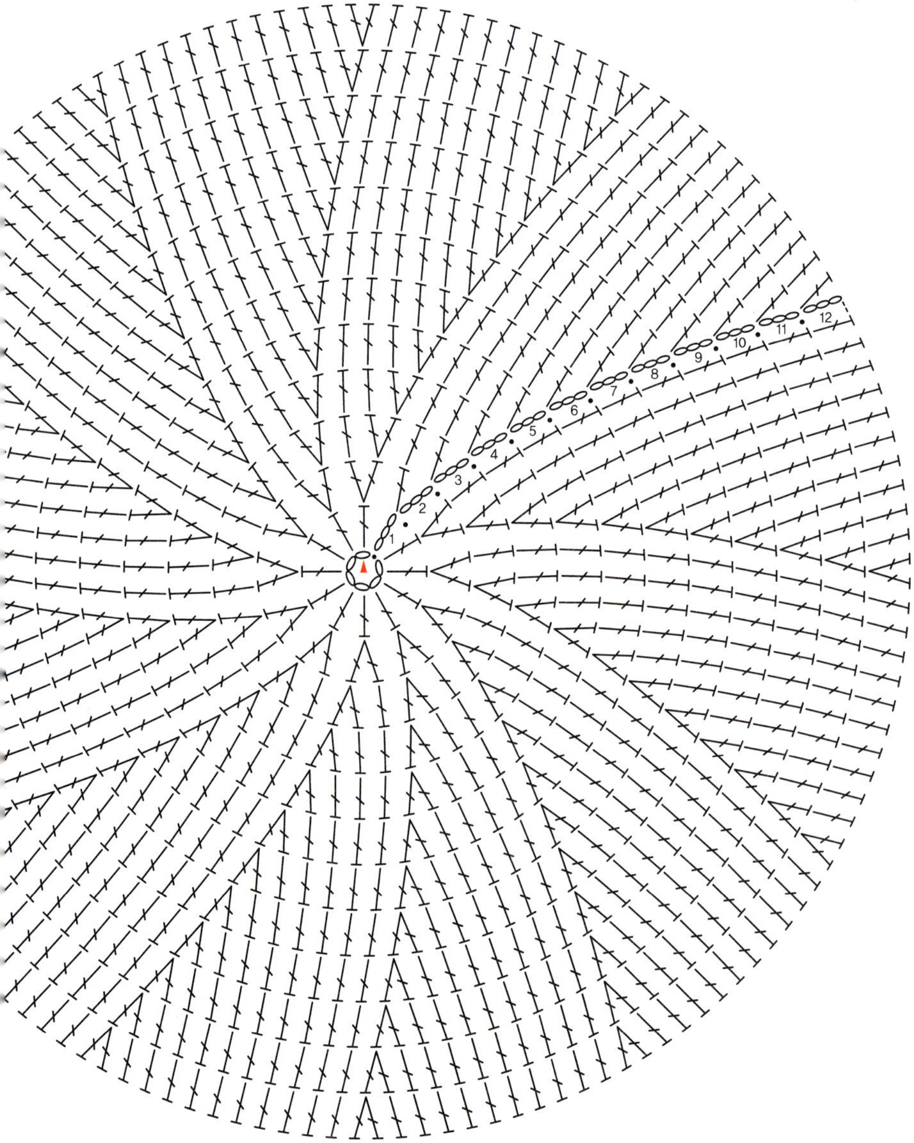

1단 사슬 3코(1번째 1길긴뜨기로 센다), 고리 안에 1길긴뜨기 11코, 단 시작 사슬 3코의 3번째 사슬에 빼뜨기. (총 12코)

2단 사슬 3코(1번째 1길긴뜨기로 센다), 사슬 3코가 떠진 자리에 1길긴뜨기, 각 코마다 1길긴뜨기 2코 넣어뜨기를 단 끝까지 반복, 단 시작 사슬 3코의 3번째 사슬에 빼뜨기. (총 24코)

3단 사슬 3코(1번째 1길긴뜨기로 센다), 사슬 3코가 떠진 자리에 1길긴뜨기, 다음 코에 1길긴뜨기, *1길긴뜨기 2코 넣어뜨기, 1길긴뜨기*를 단 끝까지 반복, 단 시작 사슬 3코의 3번째 사슬에 빼뜨기. (총 36코)

4단 사슬 3코(1번째 1길긴뜨기로 센다), 사슬 3코가 떠진 자리에 1길긴뜨기, 다음 2코에 1길긴뜨기, *1길긴뜨기 2코 넣어뜨기, 다음 2코에 1길긴뜨기*를 단 끝까지 반복, 단 시작 사슬 3코의 3번째 사슬에 빼뜨기. (총 48코)

5단 사슬 3코(1번째 1길긴뜨기로 센다), 사슬 3코가 떠진 자리에 1길긴뜨기, 다음 3코에 1길긴뜨기, *1길긴뜨기 2코 넣어뜨기, 다음 3코에 1길긴뜨기*를 단 끝까지 반복, 단 시작 사슬 3코의 3번째 사슬에 빼뜨기. (총 60코)

6-12단 뒤판의 1-5단과 동일하게 6-12단을 계속 작업하여 평평한 원형 편물을 만든다. 실을 자르고 돗바늘로 매듭이 보이지 않게 마무리한다. (총 144코)

마무리

앞판과 뒤판 연결하기
앞판과 뒤판의 실 끝을 보이지 않게 정리한다. 모티브의 안면이 서로 마주 보도록 앞판

냄비받침

과 뒤판을 겹쳐 잡고, 무늬가 나란히 오도록 놓는다. 돗바늘과 30cm 길이의 실로, 모티브 중심의 공간과 1단에서 작업한 코를 통과해 감침질하여 편물을 꿰맨다. 앞판과 뒤판 사이에서 실을 자르고 실 끝이 보이지 않게 정리한다.

테두리

모든 테두리 코는 앞판과 뒤판의 사슬 아래 빈 공간 둘 다를 통과하도록 작업한다.

1단 앞판 편물의 겉면을 보면서, 실 C를 앞판의 사슬 아래 빈 공간 그리고 뒤판 1길긴뜨기 코의 꼭대기 아무 데나 연결해서, 사슬 1코, 같은 공간에 짧은뜨기, 다음 2코 그리고 같은 사슬 아래 빈 공간에 짧은뜨기, 다음 코 그리고 같은 사슬 아래 빈 공간에 짧은뜨기 2코 넣어뜨기, *†다음 5코 그리고 다음 사슬 아래 빈 공간에 짧은뜨기†, 다음 3코 그리고 다음 사슬 아래 빈 공간에 짧은뜨기, 다음 코 그리고 같은 사슬 아래 빈 공간에 짧은뜨기 2코 넣어뜨기*를 15회 반복, †에서 †까지 1회 반복, 1번째 짧은뜨기에 빼뜨기. (총 160코)

2단 사슬 1코, 사슬 1코가 떠진 자리에 짧은뜨기, 다음 8코에 짧은뜨기, 짧은뜨기 2코 넣어뜨기, 다음 3코에 짧은뜨기, 사슬 15코, 전 단의 4코 건너뛰고, 다음 2코에 짧은뜨기, *짧은뜨기 2코 넣어뜨기, 다음 9코에 짧은뜨기*를 14회 반복, 짧은뜨기 2코 넣어뜨기, 1번째 짧은뜨기에 빼뜨기. (총 176코)

3단 사슬 1코, 사슬 1코가 떠진 자리에 짧은뜨기, 다음 13코에 짧은뜨기, 사슬 아래 빈 공간에 짧은뜨기 20코, 다음 코와 이어지는 각 코마다 짧은뜨기, 실을 자르고 돗바늘로 매듭이 보이지 않게 마무리한다.

블로킹

꽃잎이 망가지는 것을 막기 위해, 스팀으로만 블로킹한다. 편물을 꾹 눌러 다리지 않는다.

▽ 테두리

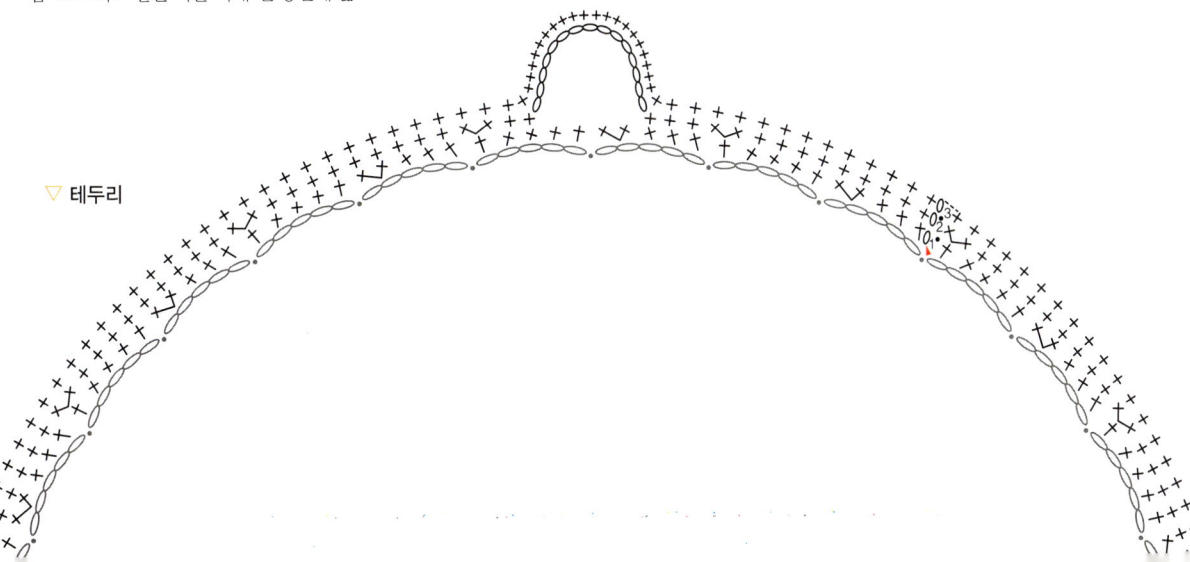

레이스무늬 데이지 냄비받침

전통적인 레이스 코바늘 디자인은 방안무늬에서 가장 많이 볼 수 있습니다. 방안무늬는 1길긴뜨기와 사슬코를 이용해서 그물 같은 무늬를 만들어 평뜨기로 작업하고 빈 공간을 1길긴뜨기로 채워서 흥미로운 도안을 만들어내는 방식입니다. 이와 같은 아이디어는 원형 모티브에도 쉽게 적용할 수 있습니다. 이 레이스무늬 데이지 냄비받침처럼 1길긴뜨기를 더 많이 넣고 코늘림을 해서 익숙한 방안무늬에 변화를 줄 수도 있지요. 냄비받침은 두 겹으로 작업되었고, 데이지 모티브의 꽃잎은 우아한 레이스 효과를 극대화하기 위해 연결 짧은뜨기를 이용해서 이었습니다.

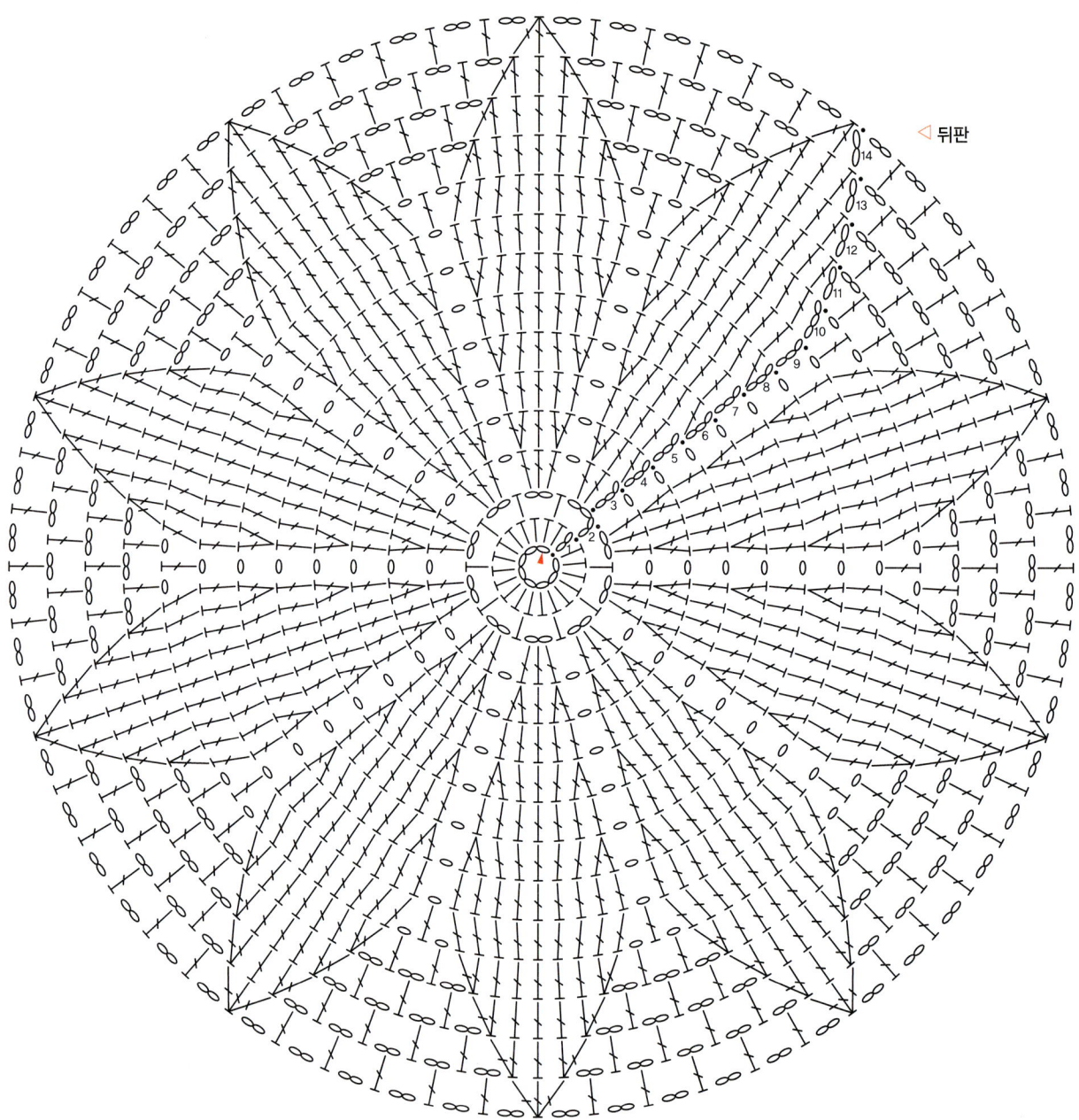

◁ 뒤판

TIPS & TRICKS

앞판과 뒤판을 이을 때 연결 짧은뜨기를 이용한다. 이때 뒤판의 정확한 단에 작업할 수 있도록 주의한다. 확신이 없다면 색이 다른 콧수 마커나 자투리 실로 각 단의 적절한 코를 표시해도 된다. 앞판 그림 도안에 나온 기호를 참고한다.

냄비받침

필요한 재료와 도구

▶ 모사용 코바늘 5호
  DMC Petra, size 3 100g(280m)
  Ecru(실 A), 5722/Orange(실 B), 54461/Pale Pink(실 C) 각 1볼
▶ 돗바늘
▶ 가위

대체 실
표준 4ply(fingering) 굵기의 어떤 실로든 대체할 수 있지만, 시작하기 전에 세심하게 게이지를 확인하는 것이 중요하다.

특별한 무늬
jbc = 연결 짧은뜨기
냄비받침의 앞판과 뒤판을 이어주는 짧은뜨기, 다음과 같이 작업한다. 뒤판의 동일한 단에 대칭되는 사슬 아래 빈 공간에 짧은뜨기, 꽃잎 모티브의 1길긴뜨기 2코 모아뜨기 앞이나 뒤에 쓰임.

게이지
1길긴뜨기로 7단(각 단에서 12코씩 코늘림) = 10cm

완성 크기
직경 23cm(고리 제외)

도안

뒤판

원형뜨기의 시작코 실 A와 모사용 코바늘 5호로 사슬 8코, 고리를 만들기 위해 빼뜨기한다.

1단 사슬 2코(1번째 긴뜨기로 센다), 고리 안에 긴뜨기 19코, 단 시작 사슬 2코의 2번째 사슬에 빼뜨기.

2단 사슬 4코(1번째 긴뜨기, 사슬 2코로 센다), *전 단의 1코를 건너뛰고, 다음 코에 긴뜨기, 사슬 2코*를 9회 반복, 단 시작 사슬 4코의 2번째 사슬에 빼뜨기.

3단 사슬 아래 빈 공간에 빼뜨기, 사슬 3코(1번째 1길긴뜨기로 센다), 사슬 아래 빈 공간에 1길긴뜨기 2코, *사슬 1코, 다음 사슬 아래 빈 공간에 1길긴뜨기 3코*를 9회 반복, 단 시작 사슬 3코의 3번째 사슬에 빼뜨기.

4단 사슬 3코, 사슬 3코가 떠진 자리에 1길긴뜨기(1번째 1길긴뜨기 2코 넣어뜨기로 센다), 1길긴뜨기, 1길긴뜨기 2코 넣어뜨기, *사슬 1코, 전 단의 사슬 아래 빈 공간은 건너뛰고, 1길긴뜨기 2코 넣어뜨기*를 9회 반복, 사슬 1코, 단 시작 사슬 3코의 3번째 사슬에 빼뜨기.

5단 사슬 3코(1번째 1길긴뜨기로 센다), 다음 4코에 1길긴뜨기, *사슬 1코, 전 단의 사슬 아래 빈 공간은 건너뛰고, 다음 5코에 1길긴뜨기*를 9회 반복, 사슬 1코, 단 시작 사슬 3코의 3번째 사슬에 빼뜨기.

6단 사슬 3코, 사슬 3코가 떠진 자리에 1길긴뜨기(1번째 1길긴뜨기 2코 넣어뜨기로 센다), 다음 3코에 1길긴뜨기, 1길긴뜨기 2코 넣어뜨기, *사슬 1코, 전 단의 사슬 아래 빈 공간 건너뛰기, 1길긴뜨기 2코 넣어뜨기, 1길긴뜨기 3코, 1길긴뜨기 2코 넣어뜨기*를 9회 반복, 사슬 1코, 단 시작 사슬 3코의 3번째 사슬에 빼뜨기.

7단 사슬 3코(1번째 1길긴뜨기로 센다), 다음 6코에 1길긴뜨기, *사슬 1코, 전 단의 사슬 아래 빈 공간은 건너뛰고, 다음 7코에 1길긴뜨기*를 9회 반복, 사슬 1코, 단 시작 사슬 3코의 3번째 사슬에 빼뜨기.

8단 사슬 3코, 사슬 3코가 떠진 자리에 1길긴뜨기(1번째 1길긴뜨기 2코 넣어뜨기로 센다), 다음 5코에 1길긴뜨기, 1길긴뜨기 2코 넣어뜨기, *사슬 1코, 전 단의 사슬 아래 빈 공간 건너뛰고, 1길긴뜨기 2코 넣어뜨기, 1길긴뜨기 5코, 1길긴뜨기 2코 넣어뜨기*를 9회 반복, 사슬 1코, 단 시작 사슬 3코의 3번째 사슬에 빼뜨기.

9단 사슬 3코(1번째 1길긴뜨기로 센다), 다음 8코에 1길긴뜨기, *사슬 1코, 전 단의 사슬 아래 빈 공간은 건너뛰고, 다음 9코에 1길긴뜨기*를 9회 반복, 사슬 1코, 단 시작 사슬 3코의 3번째 사슬에 빼뜨기.

10단 사슬 3코(1번째 1길긴뜨기로 센다), 다음 8코에 1길긴뜨기, *†사슬 1코, 사슬 아래 빈 공간에 1길긴뜨기, 사슬 1코†, 다음 9코에 1길긴뜨기*를 9회 반복, †에서 †까지 1회 반복, 단 시작 사슬 3코의 3번째 사슬에 빼뜨기.

11단 사슬 2코, 다음 코에 1길긴뜨기(1번째 1길긴뜨기 2코 모아뜨기로 센다), *†다음 5코에 1길긴뜨기, 1길긴뜨기 2코 모아뜨기, 사슬 2코, [사슬 아래 빈 공간에 1길긴뜨기, 사슬 2코]를 2회 반복†, 1길긴뜨기 2코 모아뜨기*를 9회 반복, †에서 †까지 1회 반복, 1번째 1길긴뜨기 꼭대기에 빼뜨기.

12단 사슬 2코, 다음 코에 1길긴뜨기(1번째 1길긴뜨기 2코 모아뜨기로 센다), *†다음 3코에 1길긴뜨기, 1길긴뜨기 2코 모아뜨기, 사슬 2코, [사슬 아래 빈 공간에 1길긴뜨기, 사슬 2코]를 3회 반복†, 1길긴뜨기 2코 모아뜨기*를 9회 반복, †에서 †까지 1회 반복, 1번째 1길긴뜨기 꼭대기에 빼뜨기.

13단 사슬 2코, 다음 코에 1길긴뜨기(1번째 1길긴뜨기 2코 모아뜨기로 센다), *†1길긴뜨기, 1길긴뜨기 2코 모아뜨기, 사슬 2코, [다음 사슬 아래 빈 공간에 1길긴뜨기, 사슬 2코]를 4회 반복†, 1길긴뜨기 2코 모아뜨기*를 9회 반복, †에서 †까지 1회 반복, 1번째 1길긴뜨기 꼭대기에 빼뜨기.

14단 사슬 2코, 1길긴뜨기 2코 모아뜨기(1번째 1길긴뜨기 3코 모아뜨기로 센다), *†사슬 2코, [다음 사슬 아래 빈 공간에 1길긴뜨기, 사슬 2코]를 5회 반복†, 1길긴뜨기 3코 모아뜨기*를 9회 반복, †에서 †까지 1회 반복, 1번째 1길긴뜨기 2코 모아뜨기 꼭대기에 빼뜨기, 실을 자른다.

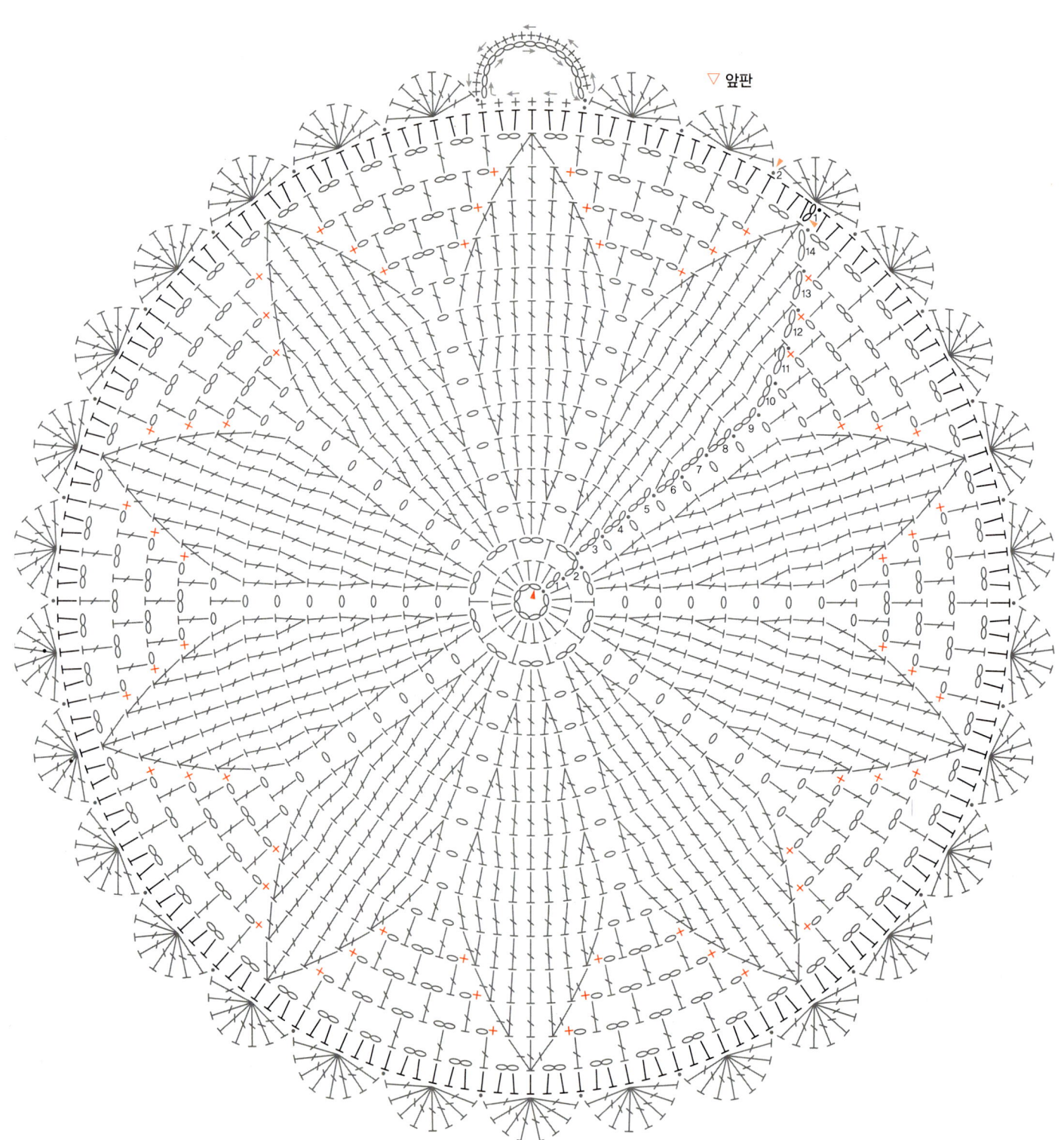
▽ 앞판

앞판

중심에서 앞판과 뒤판 두 조각을 꿰매고, 11단에서 13단까지 연결 짧은뜨기(jdc)로 진행하면서 이어준다.

First 시작할 때 실 꼬리를 30cm 남겨두고, 뒤판과 동일하게 10단까지 작업한다.

Next 모티브의 안면이 서로 마주 보게 앞판과 뒤판을 겹쳐 잡고, 중심에서 무늬가 나란히 오도록 놓는다. 모티브 중심의 공간과 1단에서 작업한 긴뜨기 코를 통과해 감침질하며 편물을 꿰맨다. 앞판 뒤판 사이에서 실을 자르고 실 끝이 보이지 않게 정리한다.

11단 데이지 모티브의 꽃잎이 나란히 오도록 놓고, 사슬 3코, 다음 코에 1길긴뜨기(1번째 1길긴뜨기 2코 모아뜨기로 센다), *†다음 5코에 1길긴뜨기, 1길긴뜨기 2코 모아뜨기, 뒤판의 11단에 대칭되는 사슬 아래 빈 공간에 연결 짧은뜨기, 사슬 1코, 사슬 아래 빈 공간에 1길긴뜨기, 사슬 2코, 다음 사슬 아래 빈 공간에 1길긴뜨기, 사슬 1코, 연결 짧은뜨기†, 1길긴뜨기 2코 모아뜨기*를 9회 반복, †에서 †까지 1회 반복, 1번째 1길긴뜨기 꼭대기에 빼뜨기.

12단 사슬 3코, 다음 코에 1길긴뜨기(1번째 1길긴뜨기 2코 모아뜨기로 센다), *†다음 3코에 1길긴뜨기, 1길긴뜨기 2코 모아뜨기, 연결 짧은뜨기, 사슬 1코, [사슬 아래 빈 공간에 1길긴뜨기, 사슬 2코]를 2회 반복, 다음 사슬 아래 빈 공간에 1길긴뜨기, 사슬 1코, 연결 짧은뜨기†, 1길긴뜨기 2코 모아뜨기*를 9회 반복, †에서 †까지 1회 반복, 1번째 1길긴뜨기 꼭대기에 빼뜨기.

13단 사슬 3코, 다음 코에 1길긴뜨기(1번째 1길긴뜨기 2코 모아뜨기로 센다), *†다음 코에 1길긴뜨기, 1길긴뜨기 2코 모아뜨기, 연결 짧은뜨기, 사슬 1코, [사슬 아래 빈 공간에 1길긴뜨기, 사슬 2코]를 3회 반복, 다음 사슬 아래 빈 공간에 1길긴뜨기, 사슬 1코, 연결 짧은뜨기†, 1길긴뜨기 2코 모아뜨기*를 9회 반복, †에서 †까지 1회 반복, 1번째 1길긴뜨기 꼭대기에 빼뜨기.

14단 뒤판과 동일하게 작업하고, 실을 자른다.

테두리

테두리 1단의 모든 코는 뒤판과 앞판의 서로 대칭되는 코에 작업된다.

1단 앞판을 보면서, (앞판과 뒤판 둘 다의) 1길긴뜨기 3코 모아뜨기 코 꼭대기 아무 데나 실 B를 연결해서, 사슬 2코, 사슬 2코가 떠진 자리에 긴뜨기, [사슬 아래 빈 공간에 긴뜨기 2코, 다음 코에 긴뜨기]를 59회 반복, 사슬 아래 빈 공간에 긴뜨기 2코, 1번째 긴뜨기에 빼뜨기(총 180코), 실을 자른다.

2단 전 단의 4번째 긴뜨기 코에 실 C를 연결해서, *2코 건너뛰고, 다음 코에 1길긴뜨기 8코 넣어뜨기, 2코 건너뛰고, 다음 코에 빼뜨기*를 2회 반복.

고리 만들기 다음 6코에 짧은뜨기, 사슬 15코, 뒤로 작업하며 전 단의 빼뜨기를 작업한 같은 공간에 빼뜨기, 앞으로 작업하며 사슬 아래 빈 공간에 짧은뜨기 20코, 6번째 짧은뜨기를 작업한 같은 공간에 빼뜨기.

계속해서 2단 작업 *2코 건너뛰고, 다음 코에 1길긴뜨기 8코 넣어뜨기, 2코 건너뛰고, 다음 코에 빼뜨기*를 27회 반복(29개의 조개무늬 + 1개의 고리), 실을 자르고 끝이 보이지 않도록 정리한다.

블로킹

다림천을 이용해 편물의 안쪽에서 스팀 다림질한다.

레이스무늬 데이지 냄비받침

빈티지 스타일의 전통적인 메달 모양 냄비받침

그래니 시크 스타일이 유행하지 않았다면 코바늘뜨기는 어떻게 되었을까요? 생각할 가치도 없습니다! 이 스타일을 떠보고 싶은 사람이라면, 떠야 할 뜨개 목록에 이 냄비받침이 꼭 있어야 합니다. 이것이 없으면 냄비받침으로 장식한 벽은 완성될 수 없으니까요. 에메랄드, 오렌지 그리고 밝은 노랑에 예쁜 핑크와 블루를 살짝 더한 아주 멋진 색 조합은 복고풍의 전통적인 스타일이고, 우리가 사랑하는 그래니 시크 스타일의 완벽한 본보기입니다.

▽ 테두리를 작업한 앞판

필요한 재료와 도구

- 모사용 코바늘 5호
- DMC Petra, size 3 100g(280m) 54463/Sky(실 A), 5722/Orange(실 B), 53814/Emerald(실 C), 5742/Yellow (실 D), 54461/Pale Pink(실 E), B5200/ White(실 F) 각 1볼
- 돗바늘
- 가위

대체 실

표준 4ply(fingering) 굵기의 어떤 면사로든 대체할 수 있지만, 시작하기 전에 세심하게 게이지를 확인하는 것이 중요하다.

특별한 무늬

1길긴뜨기 5코 구슬뜨기 앞걸어뜨기 = 5tr-fpcl

게이지

1길긴뜨기로 7단(각 단에서 12코씩 코늘림) = 10cm

완성 크기

가장자리에서 가장자리까지 16.5cm
꼭짓점에서 꼭짓점까지 22cm

도안

앞판

원형뜨기의 시작코 실 A와 모사용 코바늘 5호로, 실 꼬리를 30m 남겨두고, 사슬 6코, 고리를 만들기 위해 빼뜨기한다.

1단 사슬 3코(1번째 1길긴뜨기로 센다), 고리 안에 1길긴뜨기 13코, 단 시작 사슬 3코의 3번째 사슬에 빼뜨기.

2단 전 단의 사슬 3코와 1번째 1길긴뜨기 사이에 빼뜨기, 사슬 4코(1번째 1길긴뜨기, 사슬 1코로 센다), *†다음 2코 사이에 [1길긴뜨기 2코 넣어뜨기, 사슬 1코]†, 다음 2코 사이에 [1길긴뜨기, 사슬 1코]*를 6회 반복, †에서 †까지 1회 반복, 단 시작 사슬 4코의 3번째 사슬에 빼뜨기로 연결하고 실을 자른다.

3단 전 단의 1길긴뜨기 2코 넣어뜨기 코 사이 아무 데나 실 B를 연결해서, 사슬 5코(1번째 1길긴뜨기, 사슬 2코로 센다), *†1길긴뜨기 코에 1길긴뜨기 5코 넣어뜨기 앞걸어뜨기, 사슬 2코†, 1길긴뜨기 2코 넣어뜨기 코 사이에 1길긴뜨기, 사슬 2코*를 6회 반복, †에서 †를 1회 반복, 단 시작 사슬 5코의 3번째 사슬에 빼뜨기.

4단 다음 사슬 아래 빈 공간에 빼뜨기, 사슬 4코(1번째 1길긴뜨기, 사슬 1코로 센다), 같은 사슬 아래 빈 공간에 [1길긴뜨기, 사슬 1코]를 2회 반복, 단 끝까지 각 사슬 아래 빈 공간에 [1길긴뜨기, 사슬 1코]를 3회 반복, 단 시작 사슬 4코의 3번째 사슬에 빼뜨기, 실을 자른다.

5단 전 단 '1길긴뜨기, 사슬 1코'의 반복 사이에 실 C를 연결해서, 사슬 4코(1번째 1길긴뜨기, 사슬 1코로 센다), *†전 단의 1길긴뜨기를 건너뛰고, 다음 1길긴뜨기 코에 1길긴뜨기 5코 넣어뜨기 앞걸어뜨기, 사슬 1코†, 전 단의 1길긴뜨기 건너뛰고, 다음 사슬 아래 빈 공간에 [1길긴뜨기, 사슬 1코]*를 13회 반복, †에서 †까지 1회 반복, 단 시작 사슬 4코의 3번째 사슬에 빼뜨기, 실을 자른다.

6단 사슬 아래 빈 공간 아무 데나 실 A를 연결해서, 사슬 3코(1번째 1길긴뜨기로 센다), 같은 사슬 아래 빈 공간에 1길긴뜨기 2코, 각 사슬 아래 빈 공간마다 1길긴뜨기 3코 넣어뜨기를 단 끝까지 반복, 단 시작 사슬 3코의 3번째 사슬에 빼뜨기, 실을 자른다.

7단 전 단의 빼뜨기를 작업한 같은 공간에 실 E를 연결해서, 사슬 1코, 사슬 1코가 떠진 자리에 짧은뜨기, 다음 11코에 짧은뜨기, *†다음 2코에 긴뜨기, 전 단의 1코를 건너뛰고, 1길긴뜨기, 2길긴뜨기 3코 넣어뜨기, 1길긴뜨기, 전 단의 1코를 건너뛰고, 다음 2코에 긴뜨기†, 다음 12코에 짧은뜨기*를 3회 반복, †에서 †까지 1회 반복, 1번째 짧은뜨기에 빼뜨기.

8단 사슬 2코(1번째 긴뜨기로 센다), 긴뜨기, 다음 8코에 짧은뜨기, 다음 3코에 긴뜨기, 다음 3코에 1길긴뜨기, *†다음 코에 [1길긴뜨기 2코, 사슬 1코, 1길긴뜨기 2코]†, 다음 3코에 1길긴뜨기, 다음 3코에 긴뜨기, 다음 8코에 짧은뜨기, 다음 3코에 긴뜨기, 다음 3코에 1길긴뜨기*를 3회 반복, †에서 †까지 1회 반복, 다음 3코에 1길긴뜨기, 긴뜨기, 단 시작 사슬 2코의 2번째 사슬에 빼뜨기.

9단 사슬 3코(1번째 1길긴뜨기로 센다), 다음 17코에 1길긴뜨기, *†모서리의 사슬 아래 빈 공간에 [1길긴뜨기 2코, 사슬 1코, 1길긴뜨기 2코], 전 단의 1코를 건너뛰고†, 다음 23코에 1길긴뜨기*를 3회 반복, †에서 †까지 1회 반복, 다음 5코에 1길긴뜨기, 실을 자르고 돗바늘로 매듭이 보이지 않게 마무리한다.

10단 사슬 아래 빈 공간 아무 데나 실 F를 연결해서, 사슬 3코, *†전 단의 3코 건너뛰고, 다음 코에 1길긴뜨기 3코 넣어뜨기, [2코 건너뛰고, 다음 코에 1길긴뜨기 3코 넣어뜨기]를 7회 반복†, 모서리의 사슬 아래 빈 공간에 [1길긴뜨기 3코, 사슬 1코, 1길긴뜨기 3코]*를 3회 반복, †에서 †까지 1회 반복, 마지막 모서리 사슬 아래 빈 공간에 [1길긴뜨기 3코, 사슬 1코, 1길긴뜨기 2코], 단 시작 사슬 3코의 3번째 사슬에 빼뜨기.

11–13단 10단이 전통적인 그래니 스퀘어 도안이다. 이런 식으로 전 단의 1길긴뜨기 3코 넣어뜨기 사이에 1길긴뜨기 3코 넣어뜨기를 작업하고 각 모서리에서는 [1길긴뜨기 3코 넣어뜨기, 사슬 1코, 1길긴뜨기 3코 넣어뜨기]를 작업, 실을 자르고 돗바늘로 매듭이 보이지 않게 마무리한다.

빈티지 스타일의 전통적인 메달 모양 냄비받침

뒤판

원형뜨기의 시작코 모사용 코바늘 5호와 실 A로, 사슬 6코, 고리를 만들기 위해 빼뜨기한다.

1단 사슬 3코(1번째 1길긴뜨기로 센다), 고리 안에 1길긴뜨기 13코, 단 시작 사슬 3코의 3번째 사슬에 빼뜨기(총 14코), 실을 자른다.

2단 아무 코에나 실 B를 연결해서, 사슬 4코(1번째 1길긴뜨기, 사슬 1코로 센다), *†다음 코에 [1길긴뜨기, 사슬 1코]를 2회 반복†, 다음 코에 [1길긴뜨기, 사슬 1코]*를 6회 반복, †에서 †까지 1회 반복, 단 시작 사슬 4코의 3번째 사슬에 빼뜨기. (총 21코)

3단 다음 사슬 아래 빈 공간에 빼뜨기, 사슬 3코(1번째 1길긴뜨기로 센다), 같은 사슬 아래 빈 공간에 1길긴뜨기, 각 사슬 아래 빈 공간에 1길긴뜨기 2코 넣어뜨기를 단 끝까지 반복, 단 시작 사슬 3코의 3번째 사슬에 빼뜨기(총 42코), 실을 자른다.

4단 아무 코에나 실 C를 연결해서, 사슬 3코(1번째 1길긴뜨기로 센다), 각 코마다 1길긴뜨기를 단 끝까지 반복, 단 시작 사슬 3코의 3번째 사슬에 빼뜨기(총 42코), 실을 자른다.

5단 아무 코에나 실 D를 연결해서, 사슬 3코(1번째 1길긴뜨기로 센다), 사슬 3코가 떠진 자리에 1길긴뜨기, 각 코마다 1길긴뜨기 2코 넣어뜨기를 단 끝까지 반복, 단 시작 사슬 3코의 3번째 사슬에 빼뜨기(총 84코), 실을 자른다.

6단 앞판의 7단과 동일하게 작업한다.

7단 앞판의 8단과 동일하게 작업한다.

8단 앞단의 9단과 동일하게 작업한다.

9단 앞판의 10단과 동일하게 작업한다.

10단 앞판의 11단과 동일하게 작업한다.

11단 앞판의 12단과 동일하게 작업한다.

12단 앞판의 13단과 동일하게 작업한다.

▽ 뒤판

△ 앞판   뒤판 ▽

 TIPS & TRICKS

코바늘뜨기에서 원형 모티브를 사각형으로 만드는 것은 조금 까다롭다. 게이지가 결과물에 큰 영향을 주기 때문이다. 만약 냄비받침 편물이 7–9단에서 살짝 컵 모양이 되거나 펄럭인다면, 완성 후에 블로킹으로 해결할 수 있다. 하지만 움푹한 그릇 모양이 되거나 너무 펄럭인다면, 게이지를 다시 확인하고 그 결과에 따라 바늘 호수를 조정해야 한다.

마무리

앞판과 뒤판 연결하기

앞판과 뒤판의 실 끝을 보이지 않게 정리한다. 모티브의 안면이 서로 마주 보도록 앞판과 뒤판을 겹쳐 잡고, 무늬가 나란히 오도록 놓는다. 돗바늘과 30cm 길이의 실로, 모티브 중심의 공간과 1단에서 작업한 코를 통과해 감침질하여 편물을 꿰맨다. 앞판과 뒤판 사이에서 실을 자르고 실 끝이 보이지 않게 정리한다.

테두리

모든 테두리 코는 앞판과 뒤판의 코와 사슬 아래 빈 공간 둘 다를 통과하도록 작업한다.

1단 모서리의 사슬 아래 빈 공간 아무 데나 실 A를 연결해서, 사슬 1코, 가장자리를 따라 다음 39코에 짧은뜨기, 모서리의 사슬 아래 빈 공간에 짧은뜨기 3코, 다음 3코에 짧은뜨기.

고리 만들기 사슬 15코, 뒤로 작업하며 8번째 코에 빼뜨기, 9번째 코에 빼뜨기, 앞으로 작업하며 사슬 아래 빈 공간에 짧은뜨기 20코, 사슬 15코 전 마지막 짧은뜨기를 작업한 같은 공간에 빼뜨기.

계속해서 1단 작업 다음 36코에 짧은뜨기, *†모서리의 사슬 아래 빈 공간에 짧은뜨기 3코†, 다음 39코에 짧은뜨기*를 2회 반복, †에서 †까지 1회 반복, 실을 자르고 돗바늘로 보이지 않게 마무리하고 실 끝을 정리한다.

블로킹

다림천을 이용해 편물의 뒷면에서 스팀 블로킹한다.

팔각형의 팝콘무늬 냄비받침

냄비받침을 뜨는 실이 두꺼울수록 주방에서 사용하기에 더 실용적입니다. 뜨거운 냄비를 옮길 때 연약한 손을 보호할 뿐만 아니라, 직접적인 열로부터 냄비받침 편물의 표면을 보호해주기 때문이지요. 이 작품은 툭 튀어나온 팝콘뜨기로 꽉 차 있어서 냄비받침 역할을 하기에도 충분하고 또 무척 예쁩니다!

▽ 테두리를 작업한 앞판

냄비받침

필요한 도구와 재료

▶ 모사용 코바늘 5호
▶ DMC Petra, size 3 100g(280m)
  54463/Sky(실 A), B5200/White(실 B),
  5742/Yellow(실 C) 각 1볼
▶ 돗바늘
▶ 가위

대체 실

표준 4ply(fingering) 굵기의 어떤 면사로든 대체할 수 있지만, 시작하기 전에 세심하게 게이지를 확인하는 것이 중요하다.

특별한 무늬

pc = 팝콘뜨기
도안에서 팝콘뜨기는 1길긴뜨기 5코로 만들어진다. 그 후에 작업하는 사슬은 팝콘뜨기의 일부분으로 치지 않는다.

게이지

1길긴뜨기로 7단(각 단에서 12코씩 코늘림) = 10cm

완성 크기

직경 18cm(고리 제외)

도안

앞판

원형뜨기의 시작코 모사용 코바늘 5호와 실 A로, 실 꼬리를 30cm 남겨두고, 사슬 5코, 고리를 만들기 위해 빼뜨기한다.

1단 사슬 4코(1번째 1길긴뜨기, 사슬 1코로 센다), 고리 안에 [1길긴뜨기, 사슬 1코]를 7회 반복, 단 시작 사슬 4코의 3번째 사슬에 빼뜨기.

2단 사슬 아래 빈 공간에 빼뜨기, 사슬 2코, 각 사슬 아래 빈 공간마다 [팝콘뜨기, 사슬 2코]를 단 끝까지 반복, 1번째 팝콘뜨기 코의 꼭대기에 빼뜨기. (팝콘뜨기 총 8코)

3단 다음 사슬 아래 빈 공간에 빼뜨기, 사슬 2코, 각 사슬 아래 빈 공간마다 [팝콘뜨기, 사슬 2코, 팝콘뜨기, 사슬 1코]를 단 끝까지 반복, 1번째 팝콘뜨기 코의 꼭대기에 빼뜨기. (팝콘뜨기 총 16코)

4단 다음 사슬 아래 빈 공간에 빼뜨기, 사슬 3코(1번째 1길긴뜨기로 센다), 같은 사슬 아래 빈 공간에 [1길긴뜨기, 사슬 1코, 1길긴뜨기 2코], *다음(옆면) 사슬 아래 빈 공간에 1길긴뜨기, 다음 (모서리의) 사슬 아래 빈 공간에 [1길긴뜨기 2코, 사슬 1코, 1길긴뜨기 2코]*를 7회 반복, (옆면) 사슬 아래 빈 공간에 1길긴뜨기, 단 시작 사슬 3코의 3번째 사슬에 빼뜨기.

5단 사슬 3코(1번째 1길긴뜨기로 센다), *†모서리의 사슬 아래 빈 공간에 [1길긴뜨기 2코, 사슬 1코, 1길긴뜨기 2코]†, 다음 2개의 옆면 공간(전 단의 코 사이)에 1길긴뜨기*를 7회 반복, †에서 †까지 1회 반복, 옆면 공간에 1길긴뜨기, 단 시작 사슬 3코의 3번째 사슬에 빼뜨기.

6단 옆면 공간에 빼뜨기, 사슬 3코(1번째 1길긴뜨기로 센다), *†모서리의 사슬 아래 빈 공간에 [1길긴뜨기 2코, 사슬 1코, 1길긴뜨기 2코], 옆면 공간에 [1길긴뜨기, 사슬 1코], 다음 옆면 공간에 [팝콘뜨기, 사슬 1코]†, 다음 옆면 공간에 1길긴뜨기*를 7회 반복, †에서 †까지 1회 반복, 단 시작 사슬 3코의 3번째 사슬에 빼뜨기.

7단 다음 옆면 공간에 빼뜨기, 사슬 3코(1번째 1길긴뜨기로 센다), *†모서리의 사슬 아래 빈 공간에 [1길긴뜨기 2코, 사슬 1코, 1길긴뜨기 2코]†, 다음 4개의 옆면 공간에 1길긴뜨기*를 7회 반복, †에서 †까지 1회 반복, 다음 3개의 옆면 공간에 1길긴뜨기, 단 시작 사슬 3코의 3번째 사슬에 빼뜨기.

8단 각 옆면에 1길긴뜨기 5코씩 작업하며 7단과 동일하게 작업한다.

9단 각 옆면에 1길긴뜨기 6코씩 작업하며 7단과 동일하게 작업한다.

10단 다음 옆면 공간에 빼뜨기, 사슬 3코(1번째 1길긴뜨기로 센다), *†모서리의 사슬 아래 빈 공간에 [1길긴뜨기 2코, 사슬 1코, 1길긴뜨기 2코], 다음 3개의 옆면 공간에 1길긴뜨기, 사슬 1코, 다음 옆면 공간에 [팝콘뜨기, 사슬 1코]†, 다음 3개의 옆면 공간에 1길긴뜨기*를 7회 반복, †에서 †까지 1회 반복, 다음 2개의 옆면 공간에 1길긴뜨기, 단 시작 사슬 3코의 3번째 사슬에 빼뜨기.

11단 다음 옆면 공간에 빼뜨기, 사슬 3코(1번째 1길긴뜨기로 센다), *†모서리의 사슬 아래 빈 공간에 [1길긴뜨기 2코, 사슬 1코, 1길긴뜨기 2코], 다음 3개의 옆면 공간에 1길긴뜨기, 사슬 1코, 다음 2개의 사슬 아래 빈 공간에 [팝콘뜨기, 사슬 1코]†, 다음 3개의 옆면 공간에 1길긴뜨기*를 7회 반복, †에서 †까지 1회 반복, 다음 2개의 옆면 공간에 1길긴뜨기, 단 시작 사슬 3코의 3번째 사슬에 빼뜨기.

12단 각 옆면을 따라 3개의 사슬 아래 빈 공간에 [팝콘뜨기, 사슬 1코]를 뜨면서, 11단과 동일하게 작업한다.

13단 각 옆면을 따라 4개의 사슬 아래 빈 공간에 [팝콘뜨기, 사슬 1코]를 뜨면서, 11단과 동일하게 작업하고, 실을 자르고 돗바늘로 매듭이 보이지 않게 마무리한다.

▽ 뒤판

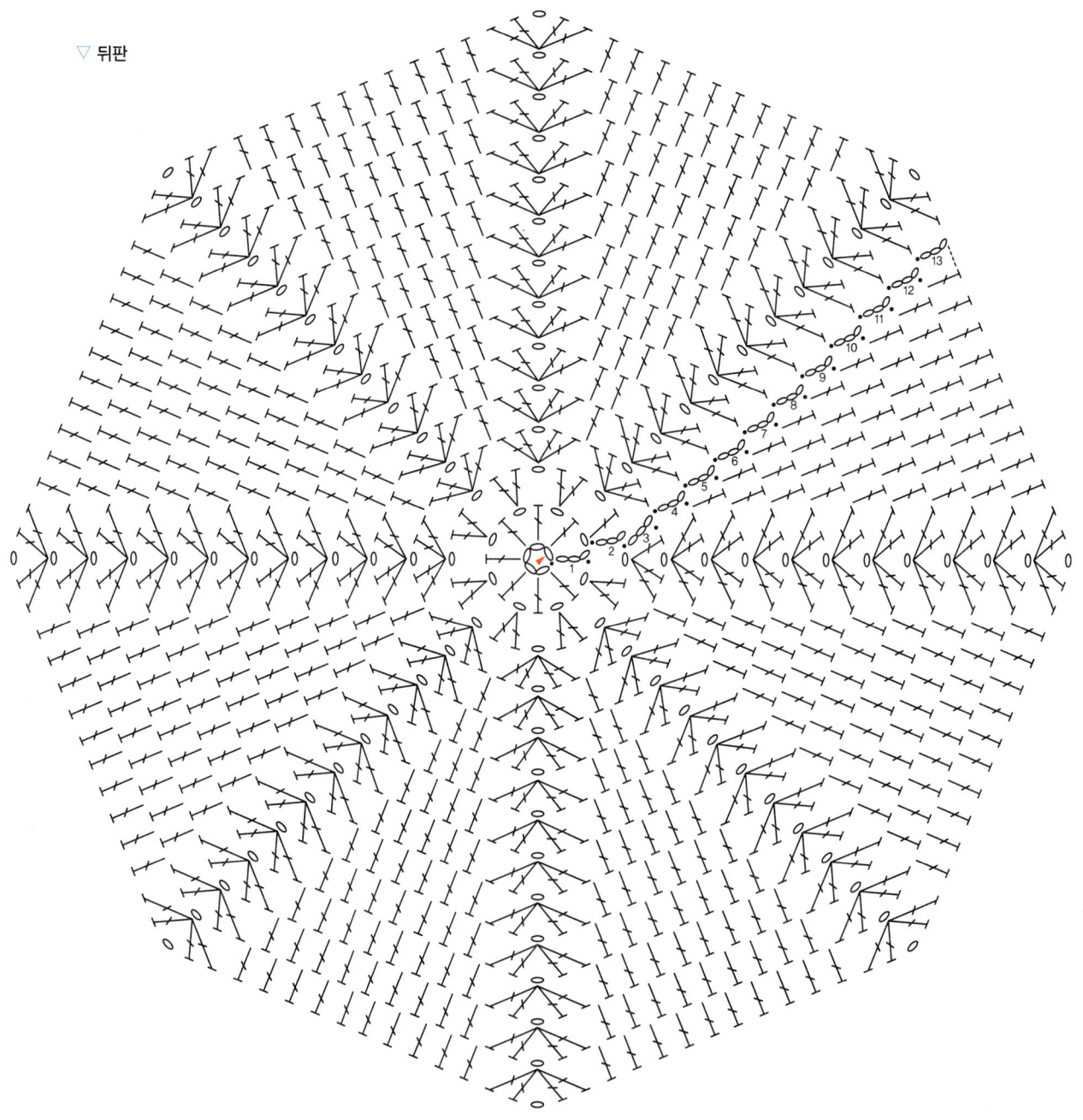

냄비받침

뒤판

원형뜨기의 시작코 실 A와 모사용 코바늘 5호로, 사슬 5코, 고리를 만들기 위해 빼뜨기한다.

1단 사슬 4코(1번째 1길긴뜨기, 사슬 1코로 센다), 고리 안에 [1길긴뜨기, 사슬 1코]를 7회 반복, 단 시작 사슬 4코의 3번째 사슬에 빼뜨기.

2단 다음 사슬 아래 빈 공간에 빼뜨기, 사슬 3코(1번째 1길긴뜨기로 센다), 같은 사슬 아래 빈 공간에 [1길긴뜨기, 사슬 1코], 각 사슬 아래 빈 공간에 [1길긴뜨기 2코, 사슬 1코]를 단 끝까지 반복, 단 시작 사슬 3코의 3번째 사슬에 빼뜨기.

3단 사슬 3코(1번째 1길긴뜨기로 센다), 다음 7개의 사슬 아래 빈 공간에 [1길긴뜨기 2코, 사슬 1코, 1길긴뜨기 2코], 마지막 사슬 아래 빈 공간에 [1길긴뜨기 2코, 사슬 1코, 1길긴뜨기], 단 시작 사슬 3코의 3번째 사슬에 빼뜨기.

4단 전 단의 사슬 3코와 1번째 1길긴뜨기 코 사이의 공간에 빼뜨기, 사슬 3코(1번째 1길긴뜨기로 센다), *†모서리의 사슬 아래 빈 공간에 [1길긴뜨기 2코, 사슬 1코, 1길긴뜨기 2코]†, 옆면 공간(전 단의 모서리 코 사이)에 1길긴뜨기*를 7회 반복, †에서 †까지 1회 반복, 단 시작 사슬 3코의 3번째 사슬에 빼뜨기.

5단 다음 옆면 공간(전 단의 사슬 3코와 1번째 1길긴뜨기 사이)에 빼뜨기, 사슬 3코(1번째 1길긴뜨기로 센다), *†모서리의 사슬 아래 빈 공간에 [1길긴뜨기 2코, 사슬 1코, 1길긴뜨기 2코]†, 다음 2개의 옆면 공간에 1길긴뜨기*를 7회 반복, †에서 †까지 1회 반복, 다음 옆면 공간에 1길긴뜨기, 단 시작 사슬 3코의 3번째 사슬에 빼뜨기.

6-13단 기본 팔각형 모티브 도안이 만들어졌다. 옆면을 따라 각 단마다 1길긴뜨기를 1코씩 늘려가며 5단과 동일하게 작업한다. 실을 자르고 돗바늘로 매듭이 보이지 않게 마무리한다.

마무리

앞판과 뒤판 연결하기
앞판과 뒤판의 실 끝을 보이지 않게 정리한다. 모티브의 안면이 서로 마주 보도록 앞판과 뒤판을 겹쳐 잡고, 무늬가 나란히 오도록 놓는다. 돗바늘과 30cm 길이의 실로, 모티브 중심의 공간과 1단에서 작업한 1길긴뜨기 코를 통과해 감침질하여 편물을 꿰맨다. 앞판와 뒤판 사이에서 실을 자르고 실 끝이 보이지 않게 정리한다.

테두리
모든 테두리 코는 앞판과 뒤판의 코와 사슬 아래 빈 공간 둘 다를 통과하도록 작업한다.

1단 앞판을 보며, (앞판과 뒤판 둘 다) 모서리의 사슬 아래 빈 공간 아무 데나 실 B를 연결해서, 사슬 2코(1번째 긴뜨기로 센다), *†다음 1길긴뜨기 5코에 긴뜨기, 다음 팝콘뜨기 4코에 긴뜨기(각 팝콘뜨기 코의 중심을 통과해 작업한다), 다음 1길긴뜨기 5코에 긴뜨기†, 모서리의 사슬 아래 빈 공간에 [긴뜨기, 사슬 2코, 긴뜨기]를 7회 반복, †에서 †까지 1회 반복, 마지막 사슬 아래 빈 공간에 [긴뜨기, 사슬 2코], 1번째 긴뜨기의 꼭대기에 빼뜨기, 실을 자른다.

2단 모서리의 사슬 아래 빈 공간 아무 데나 실 C를 연결해서, 사슬 1코, 전 단의 1코를 건너뛰고, 다음 14코에 짧은뜨기, 사슬 15코, 전 단의 [1코, 사슬 아래 빈 공간, 2코]를 건너뛰고, 다음 14코에 짧은뜨기, *모서리의 사슬 아래 빈 공간에 짧은뜨기 3코, 전 단의 1코를 건너뛰고, 다음 15코에 짧은뜨기*를 6회 반복, 모서리의 사슬 아래 빈 공간에 짧은뜨기 3코, 1번째 짧은뜨기에 빼뜨기.

3단 사슬 1코, 사슬 1코가 떠진 자리에 짧은뜨기, 다음 13코에 짧은뜨기, 사슬 아래 빈 공간에 짧은뜨기 20코, 다음 15코에 짧은뜨기, *†모서리 코에 짧은뜨기 2코 넣어뜨기†, 다음 17코에 짧은뜨기*를 6회 반복, †에서 †까지 1회 반복, 다음 코에 짧은뜨기, 실을 자르고 돗바늘로 보이지 않게 마무리하고 실 끝을 정리한다.

블로킹

팝콘뜨기 코가 뭉개지지 않도록 스팀으로만 블로킹한다. 편물을 꾹 누르지 않는다.

팔각형의 팝콘무늬 냄비받침

쿠션

조그만 사각형 패치워크 쿠션

이 작품은 원래 빈티지 스타일의 퀼트, 특히 작은 정사각형 천 조각으로 만든 우표 퀼트 작품에서 영감을 받았습니다. 전통적인 체스판무늬를 특별히 좋아하기는 했었지만, 이렇게 단순한 디자인이 얼마나 다양하게 해석될 수 있는지를 보고 사랑에 빠졌습니다.

필요한 도구와 재료

- 모사용 코바늘 6호
- Rowan Baby Merino Silk 50g(135m) 670/Snowdrop(실 A) 2볼, 674/Shell Pink(실 B) 3볼, 5688/Sunshine(실 C), 692/Leaf(실 D), 687/Strawberry(실 E), 694/Frosty(실 F), 672/Dawn(실 G), 696/Lake(실 H) 각 1볼
- 1.5cm 똑딱단추 5개
- 40×30cm 쿠션
- 돗바늘
- 가위
- 핀
- 바늘 / 실 B에 어울리는 재봉실

게이지
정사각형 모티브의 크기는 약 4cm
1길긴뜨기 평뜨기로 21코 12단 = 10cm

완성 크기
40×30cm

도안

앞판

작은 사각형 모티브 뜨기
실 A로 40개, 실 B로 8개, 실 C와 D로 각 7개, 실 E와 F로 각 5개, 실 G와 H로 각 4개를 만든다.

원형뜨기의 시작코 실 그리고 모사용 코바늘 6호로, 사슬 6코, 고리를 만들기 위해 빼뜨기한다.

1단 사슬 4코(1번째 1길긴뜨기, 사슬 1코로 센다), 고리 안에 [1길긴뜨기 4코, 사슬 1코]를 3회 반복, 고리 안에 1길긴뜨기 3코, 단 시작 사슬 4코의 3번째 사슬에 빼뜨기.

2단 사슬 3코(1번째 1길긴뜨기로 센다), *†모서리의 사슬 아래 빈 공간에 [1길긴뜨기 2코, 사슬 1코, 1길긴뜨기 2코], 전 단의 1코를 건너뛰고†, 다음 3코에 1길긴뜨기*를 3회 반복, †에서 †까지 1회 반복, 다음 2코에 1길긴뜨기, 실을 자르고 돗바늘로 매듭이 보이지 않게 마무리한다.

사각형 모티브 연결하기
사각 모티브를 앞면이 위로 오게 8×11 격자판 모양으로 배열한다. 색 배치 그림을 참고하여 배열한다.

실 A를 사용해, 가로로 그리고 세로로 짧은 뜨기 단을 작업하며 뒤에서 모티브를 잇는다. 모서리의 사슬 아래 빈 공간에 짧은뜨기 1코, 각 가장자리 코의 꼭대기에 짧은뜨기 1코씩 작업한다. 가로로 잇는 단을 작업할 때, 세로로 이은 단의 꼭대기와 만나게 되면 간단하게 그 위로 뜨면 된다.

뒤판

뒤판은 앞판의 짧은 면에 실을 연결해 바로 이어서 뜨는 두 부분으로 이루어진다. 다음과 같이 작업한다.

Section 1
1단 편물의 겉면을 보면서, 1번째 사각형 모티브의 제일 오른쪽 모서리의 사슬 아래 빈 공간에 실 B를 연결해서, 앞판의 한쪽 짧은 면을 따라, 사슬 2코, 같은 공간에 1길긴뜨기, *†다음 7코에 1길긴뜨기†, 다음 2개의 모서리 사슬 아래 빈 공간에 1길긴뜨기 2코 모아뜨기(첫 번째 + 두 번째 모티브)*를 7회 반복, †에서 †까지 1회 반복, 마지막 모서리 사슬 아래 빈 공간에 1길긴뜨기(총 65코), 편물을 돌린다.

2단 사슬 2코, 다음 7코에 1길긴뜨기, *1길긴뜨기 2코 모아뜨기, 다음 6코에 1길긴뜨기*를 6회 반복, 1길긴뜨기 2코 모아뜨기, 다음 8코에 1길긴뜨기(총 58코), 편물을 돌린다.

3단 사슬 2코, 다음 58코에 1길긴뜨기, 편물을 돌린다.

4-8단 3단과 동일하게 작업한다.

9단 편물의 겉면을 보면서, 전 단의 제일 오른쪽 코에 실 E를 연결해서, 사슬 1코, 다음 58코에 짧은뜨기, 편물을 돌린다.

10단 사슬 1코, 다음 58코에 짧은뜨기, 편물을 돌린다.

11단 사슬 1코, 다음 8코에 짧은뜨기, *사슬 2코, 전 단의 1코를 건너뛰고, 다음 9코에 짧은뜨기*를 5회 반복, 편물을 돌린다.

12단 사슬 1코, *다음 9코에 짧은뜨기, 사슬 아래 빈 공간에 짧은뜨기 2코*를 5회 반복, 다음 8코에 짧은뜨기, 실을 자른다.

13단 편물의 겉면을 보면서, 전 단의 제일 오른쪽 코에 실 C를 연결해서, 사슬 1코, 다음 63코에 짧은뜨기, 실을 자른다.

Section 2
1-3단 앞판의 반대편 짧은 면에, Section 1의 1-3단과 동일하게 작업한다.

4-30단 Section 1의 3단과 동일하게 작업한다.

31단 사슬 1코, 다음 58코에 짧은뜨기, 편물을 돌린다.

32-34단 31단과 동일하게 작업한다. 실을 자른다.

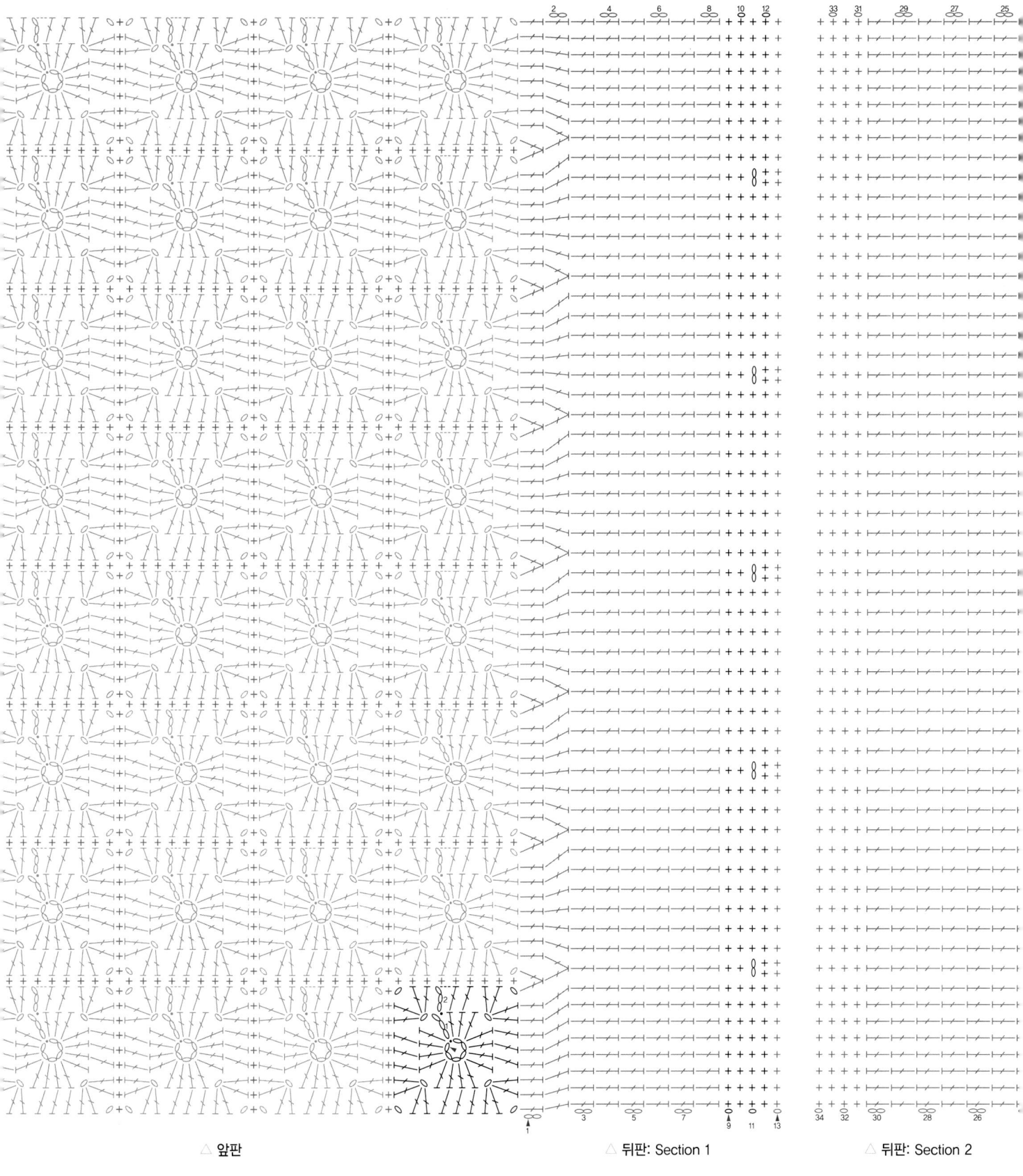

색 배치

▷ Snowdrop
▶ Shell Pink
▶ Sunshine
▶ Leaf
▶ Strawberry
▶ Frosty
▶ Dawn
▶ Lake

블로킹

이 쿠션 커버는 앞판이 뒤판보다 크다. 그래서 작품이 완성되면 보통의 쿠션보다 앞판이 쿠션 솜을 더 많이 감싸게 된다.
앞판을 42×32cm 크기로 스팀 블로킹한다.
뒤판 Section 1을 28cm 정사각형, Section 2를 10×28cm 크기로 스팀 블로킹한다.

마무리

옆선 잇기

옆 솔기 코는 앞판과 뒤판 Section 1, 2의 대칭되는 코와 사슬 아래 빈 공간을 통과해 작업된다.

First 앞판편물의 안면을 보면서 뒤판 Section 2를 접어서 옆면을 따라 앞판의 모티브 8개와 나란히 놓고 핀을 꽂아 자리 잡는다.

Next 뒤판 Section 1을 접어서 옆면을 따라 앞판의 남은 모티브 2개와 나란히 놓는다. 그리고 배색한 단추 여밈단을 Section 2에 겹치며, 핀을 꽂아 자리 잡는다.

Next 쿠션의 겉면을 보면서, 실 A를 사각형 모티브의 제일 오른쪽 꼭대기 모서리의 사슬 아래 빈 공간에 연결하고, 사슬 1코.

Next 쿠션의 옆면을 따라, 대칭되는 뒤판의 1길긴뜨기와 짧은뜨기 코에 연결한다. 각 사슬 아래 빈 공간과 8개의 사각형 모티브에 짧은뜨기한다(주의: 1길긴뜨기 코에는 2코씩 작업한다. 코 옆면에 1코, 꼭대기에 1코). 단추 여밈단에서는 편물 3겹을 통과해서 작업한다. 실을 자른다.

Next 반대편 옆 솔기도 위와 동일하게 작업한다. 실을 자르고 실 끝이 보이지 않게 마무리한다.

단추 달기

뒤판 Section 2의 32단(짧은뜨기로 작업한 2번째 단)에서 9번째, 19번째, 29번째, 49번째 코에 핀으로 표시한다. 표시된 코에 실과 바늘을 이용해 단추를 꿰맨다.

▶ TIPS & TRICKS

버리기 아까운 소중한 자투리 실을 처리하기에 아주 좋은 작품이다. 각 사각형 모티브는 약 4m 정도의 실이 소요된다. 40가지 다른 색의 자투리 실이 있다면, 색별로 사각형 모티브를 만들어보자. 정말 독특한 쿠션 커버를 완성할 수 있다.

바람개비 모양
패치워크 쿠션 & 로그 캐빈 쿠션

코바늘 작품 중 많은 부분은 내가 사랑하는 빈티지 스타일의 퀼트 작품에서 영감을 받았습니다. 바람개비 모양 패치워크에 쓰인 삼각 사각 모티브는 바람개비 모양 퀼트 블록을 모방해서 만들었습니다. 로그 캐빈 쿠션 디자인은 로그 캐빈 퀼트 블록 효과를 줄 수 있도록 색을 잘 배치하기 위해 정성을 기울였습니다. 산호색, 부드러운 복숭아빛 민트, 그리고 자수정 색을 곁들인 강렬한 사파이어 블루 같은 내가 가장 좋아하는 색조를 맞추기 위해, 전문가의 솜씨로 하나씩 염색한 Skein Queen의 Bliss Plump 주문제작 실을 선택했습니다.

바람개비 모양 패치워크 쿠션

필요한 도구와 재료

- 모사용 코바늘 7호
- Skein Queen Blissful Plump 100g (224m) (100% Blue Faced Leicester) Sapphire(실 A) 2볼, Naked(실 B), Cora line(실 C), Peachy Cream(실 D), Mint Julep(실 E), Parma Violets (실 F) 각 1볼
- 2cm 단추 5개
- 40cm 정사각형 쿠션
- 안전핀(조그만 안전핀이나 자투리 실)
- 돗바늘
- 가위
- 핀
- 바늘 / 실 B에 어울리는 재봉실

대체 실

표준 DK(light worsted) 굵기의 어떤 실로든 대체할 수 있지만, 시작하기 전에 세심하게 게이지를 확인하는 것이 중요하다.

게이지

삼각 사각 모티브 크기는 7.5cm
1길긴뜨기로 작업한 그래니 스퀘어 모티브 5단 = 10cm

완성 크기

40cm 정사각형

도안

앞판

삼각 사각 모티브 – First Section
25개를 만든다.

TIPS & TRICKS

삼각 사각 모티브는 2조각으로 뜬다. First Section은 단이 끝날 때마다 편물을 돌리면서 1가지 색으로, Second Section은 단을 시작할 때와 끝낼 때 First Section에 빼뜨기와 긴뜨기로 연결하며 뜬다. 연결하는 코를 모티브 First Section의 정확한 곳에 작업해야 코와 모티브가 깔끔하게 자리를 잡는다. 단계별 안내는 '기법'을 참고한다.

원형뜨기의 시작코 실 B와 모사용 코바늘 7호로, 사슬 6코, 고리를 만들기 위해 빼뜨기한다.

1단(겉면) 사슬 3코(1번째 1길긴뜨기로 센다), 1길긴뜨기 2코, 사슬 2코, 1길긴뜨기 3코, 사슬 1코, 편물을 돌린다.

2단 사슬 3코(1번째 1길긴뜨기로 센다), 바늘에서 4번째 사슬에 1길긴뜨기, 다음 2코에 1길긴뜨기, 전 단의 1코를 건너뛰고, 모서리의 사슬 아래 빈 공간에 [1길긴뜨기 2코, 사슬 2코, 1길긴뜨기 2코], 다음 2코에 1길긴뜨기, 전 단 사슬 3코의 3번째 사슬에 시작코 1길긴뜨기 2코 넣어뜨기, 사슬 1코, 편물을 돌린다.

3단 사슬 3코(1번째 1길긴뜨기로 센다), 바늘에서 4번째 사슬에 1길긴뜨기, 다음 5코에 1길긴뜨기, 전 단의 1코를 건너뛰고, 모서리의 사슬 아래 빈 공간에 [1길긴뜨기 2코, 사슬 2코, 1길긴뜨기 2코], 다음 5코에 1길긴뜨기, 전 단 사슬 3코의 3번째 사슬에 시작코 1길긴뜨기 2코 넣어뜨기, 사슬 1코, 편물을 돌린다.

4단 사슬 3코(1번째 1길긴뜨기로 센다), 바늘에서 4번째 사슬에 1길긴뜨기, 다음 8코에 1길긴뜨기, 전 단의 1코를 건너뛰고, 모서리의 사슬 아래 빈 공간에 [1길긴뜨기 2코, 사슬 2코, 1길긴뜨기 2코], 다음 8코에 1길긴뜨기, 전 단 사슬 3코의 3번째 사슬에 시작코

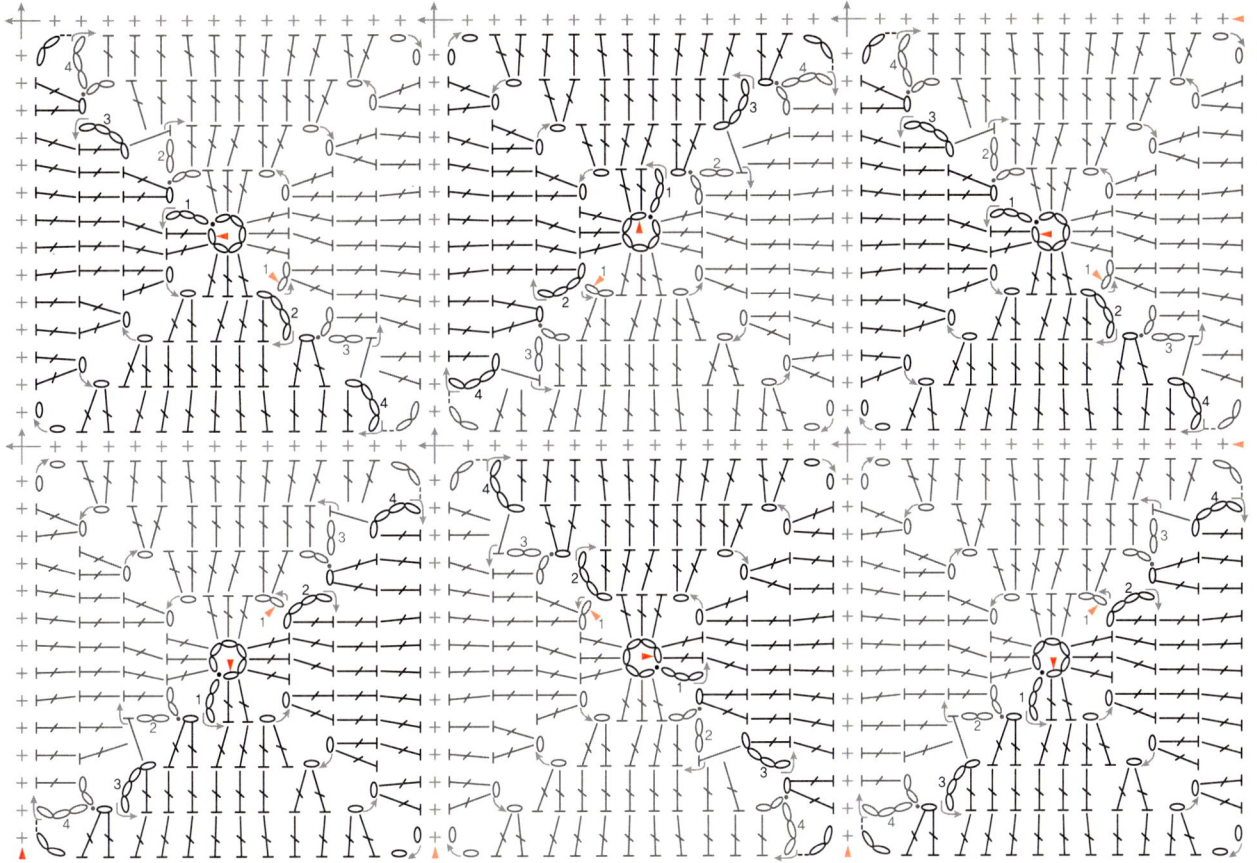

1길긴뜨기 2코 넣어뜨기, 사슬 2코, 바늘에 걸려 있는 고리를 안전핀에 끼우고 실 꼬리를 15cm 남겨두고 자른다.

삼각 사각 모티브 – Second Section
실 A, C, D, E, F로 각 5개씩 만든다. 단 시작과 끝에서 삼각 사각 모티브의 First Section에 빼뜨기와 긴뜨기로 연결하는 것에 대한 단계별 설명은 '기법'을 참고한다.

1단 편물의 겉면을 보면서, First Section의 1단 끝 사슬코에 실을 연결해서, 사슬 2코, First Section 원형뜨기의 시작코에 [1길긴뜨기 3코, 사슬 2코, 1길긴뜨기 3코], 사슬 2코, First Section 2단의 시작코 1길긴뜨기 2코 넣어뜨기 코에 빼뜨기.

2단 사슬 2코, First Section 2단 끝 사슬코에 긴뜨기, 편물을 돌린다. 전 단의 사슬 아래 빈 공간에 1길긴뜨기, 다음 2코에 1길긴뜨기, 전 단의 1코를 건너뛰고, 모서리의 사슬 아래 빈 공간에 [1길긴뜨기 2코, 사슬 2코, 1길긴뜨기 2코], 다음 2코에 1길긴뜨기, 전 단의 1코를 건너뛰고, 사슬 아래 빈 공간에 1길긴뜨기 2코, 사슬 2코, First Section 3단의 시작코 1길긴뜨기 2코 넣어뜨기 코에 빼뜨기.

3단 사슬 2코, 3단 끝의 사슬코에 긴뜨기, 편물을 돌린다. 전 단의 사슬 아래 빈 공간에 1길긴뜨기, 다음 5코에 1길긴뜨기, 전 단의 1코를 건너뛰고, 모서리의 사슬 아래 빈 공간에 [1길긴뜨기 2코, 사슬 2코, 1길긴뜨기 2코], 다음 5코에 1길긴뜨기, (전 단의 긴뜨기로 만들어진) 다음 공간에 1길긴뜨기 2코, 사슬 2코, First Section 4단의 시작코 1길긴뜨기 2코 넣어뜨기 코에 빼뜨기, 편물을 돌린다.

4단 사슬 3코(1번째 1길긴뜨기로 센다), 사슬 아래 빈 공간에 1길긴뜨기, 다음 8코에 1길긴뜨기, 전 단의 1코를 건너뛰고, 모서리의 사슬 아래 빈 공간에 [1길긴뜨기 2코, 사슬 2코, 1길긴뜨기 2코], 다음 8코에 1길긴뜨기, (전 단의 긴뜨기로 만들어진) 다음 공간에 1길긴뜨기 2코, 사슬 2코, First Section 4단 시작 사슬 3코의 3번째 사슬에 돗바늘로 매듭이 보이지 않게 마무리한다.

삼각 사각 모티브 마무리
Next 돗바늘에 First Section 실 꼬리를 꿰어, Second Section 4단 시작 사슬 3코의 3번째 사슬에 보이지 않게 마무리한다.

삼각 사각 모티브 연결하기

삼각 사각 모티브를 앞면이 위로 오게 5×5 격자판 모양으로 배열한다. 바람개비 모양이 나오도록 색 배치 그림을 참고하여 배열한다.

실 A를 사용해, 가로로 그리고 세로로 짧은뜨기 단을 작업하며 뒤에서 모티브를 잇는다. 모서리의 사슬 아래 빈 공간에 짧은뜨기 1코, 각 옆면 코의 꼭대기에 짧은뜨기 1코씩 작업한다.

삼각 사각 모티브의 구조 때문에, 모티브의 모서리에서 색이 변한다. (모서리 코를 제외하고) 첫 번째 혹은 마지막 연결코는 모서리 사슬 아래 빈 공간이나 첫 번째 혹은 마지막 옆면 코에 작업해야 한다. 그 결과 연결코를 작업할 때 확연히 눈에 띌 것이다.

테두리와 단추 여밈단

옆면 1 앞판의 옆면 아무 데나, 제일 왼쪽 삼각 사각 모티브의 모서리에서 7번째 코에 실 A를 연결해서, 사슬 1코, 사슬 1코가 떠진 자리에 짧은뜨기, 다음 6코에 짧은뜨기, 모서리의 사슬 아래 빈 공간에 [짧은뜨기, 사슬 2코, 짧은뜨기].

옆면 2 *다음 11코에 짧은뜨기, 사슬 아래 빈 공간에 짧은뜨기, 같은 사슬 아래 빈 공간과 다음 사슬 아래 빈 공간에 짧은뜨기 2코 모아뜨기, 다음 12코에 짧은뜨기, 다음 2개의 사슬 아래 빈 공간에 짧은뜨기 2코 모아뜨기*를 2회 반복, 다음 11코에 짧은뜨기, 사슬 아래 빈 공간에 [짧은뜨기 2코, 사슬 2코, 짧은뜨기].

옆면 3 *†다음 12코에 짧은뜨기, 다음 2개의 사슬 아래 빈 공간에 짧은뜨기 2코 모아뜨기, 다음 11코에 짧은뜨기, 사슬 아래 빈 공간에 짧은뜨기, 같은 사슬 아래 빈 공간과 다음 사슬 아래 빈 공간에 짧은뜨기 2코 모아뜨기*를 2회 반복†, 다음 12코에 짧은뜨기, 사슬 아래 빈 공간에 [짧은뜨기, 사슬 2코, 짧은뜨기].

옆면 4 옆면 2와 동일하게 작업한다.

옆면 1 옆면 3의 †에서 †까지 반복, 다음 5코에 짧은뜨기, 1번째 짧은뜨기에 빼뜨기, 편물을 돌린다.

단추 여밈단 1단 사슬 1코, 다음 50코의 앞 가닥에 짧은뜨기(이랑뜨기), 편물을 돌린다.

2–5단 사슬 1코, 다음 50코에 짧은뜨기, 실을 자른다.

뒤판

이 쿠션의 뒤판은 한 가지 색, 기본 그래니 스퀘어로 다음과 같이 작업한다.

원형뜨기의 시작코 실 A와 모사용 코바늘 7호로, 사슬 6코, 고리를 만들기 위해 빼뜨기한다.

1단 단 시작 1길긴뜨기, 고리 안에 [1길긴뜨기 2코, 사슬 2코]를 3회 반복, 단 시작 1길긴뜨기 꼭대기에 빼뜨기.

2단 단 시작 1길긴뜨기, 다음 3개의 사슬 아래 빈 공간에 [1길긴뜨기 3코, 사슬 2코, 1길긴뜨기 3코], 마지막 사슬 아래 빈 공간에 [1

색 배치

- ▷ Naked
- ▶ Parma Violets
- ▶ Coraline
- ▶ Sapphire
- ▶ Mint Julep
- ▶ Peachy Cream

길긴뜨기 3코, 사슬 2코, 1길긴뜨기 2코], 단 시작 1길긴뜨기의 꼭대기에 빼뜨기.

3단 옆면 공간(전 단의 사슬 3코와 1번째 1길긴뜨기 사이)에 빼뜨기, 단 시작 1길긴뜨기, 같은 공간에 1길긴뜨기 2코, *†모서리의 사슬 아래 빈 공간에 [1길긴뜨기 3코†, 사슬 2코, 1길긴뜨기 3코], 옆면 공간에 1길긴뜨기 3코 넣어뜨기*를 3회 반복, †에서 †까지 1회 반복, 단 시작 1길긴뜨기의 꼭대기에 빼뜨기.

4단 단 시작 1길긴뜨기, 다음 옆면 공간에 1길긴뜨기 3코 넣어뜨기, *†모서리의 사슬 아래 빈 공간에 [1길긴뜨기 3코, 사슬 2코, 1길긴뜨기 3코]†, 다음 2개의 옆면 공간에 1길긴뜨기 3코 넣어뜨기*를 3회 반복, †에서 †까지 1회 반복, 마지막 옆면 공간에 1길긴뜨기 2코, 단 시작 1길긴뜨기의 꼭대기에 빼뜨기.

5단 옆면 공간에 빼뜨기, 단 시작 1길긴뜨기, 같은 공간에 1길긴뜨기 2코, 다음 옆면 공간에 1길긴뜨기 3코 넣어뜨기, *†모서리의 사슬 아래 빈 공간에 [1길긴뜨기 3코, 사슬 2코, 1길긴뜨기 3코]†, 다음 3개의 옆면 공간에 1길긴뜨기 3코 넣어뜨기*를 3회 반복, †에서 †까지 1회 반복, 옆면 공간에 1길긴뜨기 3코 넣어뜨기, 단 시작 1길긴뜨기의 꼭대기에 빼뜨기.

6-22단 1-5단이 기본 그래니 스퀘어 도안이다. 이런 식으로 6-22단을 작업하고, 실을 자르고 돗바늘로 매듭이 보이지 않게 마무리한다.

블로킹

앞판과 뒤판을 39cm 정사각형으로 스팀 블로킹한다.

마무리

테두리

모든 테두리 코는 앞판과 뒤판의 대칭되는 코와 사슬 아래 빈 공간을 통과하도록 작업한다.

First 서로 안쪽 면을 보도록 앞판과 뒤판을 나란히 놓는다.

1단 앞판을 보면서, 단추 여밈단 다음 (앞판과 뒤판의) 1번째 코 꼭대기에 실 C를 연결해서, 사슬 1코, 사슬 1코가 떠진 자리에 짧은뜨기, 다음 7코에 짧은뜨기, *†모서리의 사슬 아래 빈 공간에 짧은뜨기 3코†, 다음 66코에 짧은뜨기*를 3회 반복, †에서 †까지 1회 반복, 다음 8코에 짧은뜨기, 단추 여밈단 앞에서 50코의 앞 가닥에 짧은뜨기(이랑뜨기), 1번째 짧은뜨기에 빼뜨기.

Next 방금 빼뜨기한 자리로 바늘에 걸려 있는 고리를 편물 뒤로 빼고, 편물을 돌린다. 뒤판의 50코에 짧은뜨기, 단추 여밈단 다음 1번째 가장자리 코에 빼뜨기, 실을 자르고 끝이 보이지 않게 정리한다.

단추 달기

단추 여밈단 3단의 5번째, 15번째, 25번째, 35번째, 45번째 코에 핀으로 표시한다. 표시한 코에 실과 바늘로 단추를 꿰맨다.

바람개비 모양 모티브 패치워크 쿠션

로그 캐빈 쿠션

필요한 도구와 재료

- 모사용 코바늘 7호
- 바람개비 모양 패치워크 쿠션을 뜨고 남은 자투리
- 1.5cm 단추 4개
- 35cm 정사각형 쿠션
- 안전핀(조그만 안전핀이나 자투리 실)
- 돗바늘
- 가위
- 핀
- 바늘 / 실 D에 어울리는 재봉실

게이지

평뜨기로 1길긴뜨기 19코 12단 = 10cm

완성 크기

35cm 정사각형

도안

앞판과 뒤판

앞판과 뒤판은 같은 도안으로 색만 달리해서 작업한다. 뒤판에 쓰인 실의 색은 괄호 안에 표시되어 있다. 각 부분을 작업할 때는 색 배치 그림을 참고한다.

안쪽 부분 – First Section 실 A(실 C)와 모사용 코바늘 7호로, 삼각 사각 모티브와 동일하게 작업한다. 11단까지 First Section(바람개비 모양 패치워크 쿠션 참고)을 뜨고, 바늘에 걸려 있는 고리를 안전핀에 끼우고, 실 꼬리를 15cm 남겨두고 자른다.

Second Section 편물의 겉면을 보면서, 실 D(실 E)로 삼각 사각 모티브와 동일하게 작업한다. 11단까지 Second Section(바람개비 모양 패치워크 쿠션 참고)을 뜨고, 실을 자르고 돗바늘로 매듭이 보이지 않게 마무리한다.

Next First Section을 시작할 때 남겨뒀던 실 꼬리를 돗바늘에 꿰어 매듭이 보이지 않게 삼각 사각 모티브를 마무리한다.

가운데 부분 – Third Section

12단 편물의 겉면을 보면서, First Section(안쪽 부분)의 모서리 사슬 아래 빈 공간에 실 C(실 F)를 연결해서, 사슬 3코(1번째 1길긴뜨기로 센다), 같은 공간에 1길긴뜨기, 전 단의 1코를 건너뛰고, 다음 32코에 1길긴뜨기, 모서리의 사슬 아래 빈 공간에 [1길긴뜨기 2코, 사슬 2코, 1길긴뜨기 2코], 다음 32코에 1길긴뜨기, 모서리의 사슬 아래 빈 공간에 [1길긴뜨기 2코, 사슬 1코], 편물을 돌린다.

13단 사슬 3코(1번째 1길긴뜨기로 센다), 바늘에서 4번째 사슬에 1길긴뜨기, 다음 35코에 1길긴뜨기, 전 단의 1코를 건너뛰고, 모서리의 사슬 아래 빈 공간에 [1길긴뜨기 2코, 사슬 2코, 1길긴뜨기 2코], 다음 35코에 1길긴뜨기, 전 단 사슬 3코의 3번째 사슬에 시작코 1길긴뜨기 2코 넣어뜨기, 사슬 1코, 편물을 돌린다.

14단 각 옆면을 따라 1길긴뜨기 38코씩을 뜨면서, 13단과 동일하게 작업한다.

15단 각 옆면을 따라 1길긴뜨기 41코씩을 뜨면서 삼각 사각 모티브의 마지막 단과 동일하게 작업하고, 바늘에 걸려 있는 고리를 안전핀에 끼우고 실 꼬리를 15cm 남겨두고 자른다.

가운데 부분 – Fourth Section

12단 편물의 겉면을 보면서, Third Section 12단 끝의 사슬코에 실 E(실 A)를 연결해서, 사슬 2코, 11단 모서리의 사슬 공간에 1길긴뜨기 2코, 전 단의 1코를 건너뛰고, 다음 32코에 1길긴뜨기, 모서리의 사슬 아래 빈 공간에 [1길긴뜨기 2코, 사슬 2코, 1길긴뜨기 2코], 다음 32코에 1길긴뜨기, 모서리의 사슬 아래 빈 공간에 [1길긴뜨기 2코, 사슬 2코], Third Section 13단의 시작코 1길긴뜨기 2코 넣어뜨기 코에 빼뜨기.

13단 사슬 2코, 13단 끝의 사슬코에 긴뜨기, 편물을 돌린다. 전 단의 사슬 아래 빈 공간

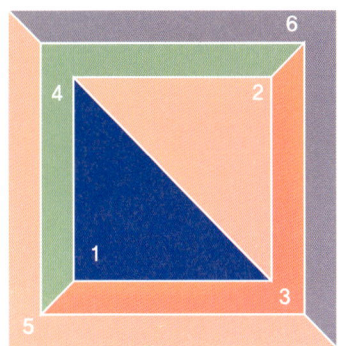

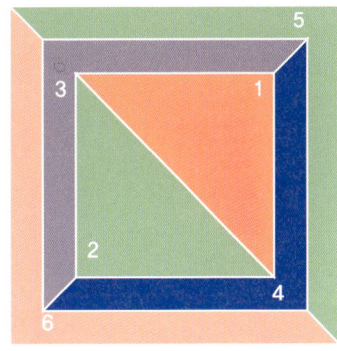

색 배치

▶ Parma Violets
▶ Coraline
▶ Sapphire
▶ Mint Julep
▶ Peachy Cream

△ 앞판

에 1길긴뜨기, 다음 35코에 1길긴뜨기, 전 단의 1코를 건너뛰고, 모서리의 사슬 아래 빈 공간에 [1길긴뜨기 2코, 사슬 2코, 1길긴뜨기 2코], 다음 35코에 1길긴뜨기, 전 단의 1코를 건너뛰고, 사슬 아래 빈 공간에 1길긴뜨기 2코, 사슬 2코, First Section 14단의 시작코 1길긴뜨기 2코 넣어뜨기 코에 빼뜨기.

14단 각 옆면을 따라 1길긴뜨기 38코씩을 뜨면서, 13단과 동일하게 작업한다.

15단 각 옆면을 따라 1길긴뜨기 41코씩을 뜨면서, 삼각 사각 모티브의 마지막 단과 동일하게 작업하고, 실 끊고, Third Section 15단 시작 사슬 3코 3번째 사슬에 돗바늘로 매듭이 보이지 않게 마무리한다.

Next Third Section 시작할 때 남겨뒀던 실 꼬리를 돗바늘에 꿰어 매듭이 보이지 않게 삼각 사각 모티브를 마무리한다.

바깥 부분 – Fifth Section

16-19단 편물의 겉면을 보면서, Fourth Section(가운데 부분) 모서리의 사슬 아래 빈 공간에 실 D(실 E)를 연결해서, Third Section(가운데 부분)과 동일하게 작업한다.

△ 뒤판

바깥 부분 – Sixth Section

16-19단 Fifth Section(가운데 부분) 16단 끝의 사슬코에 실 F(실 D)를 연결해서, Fourth Section(가운데 부분)과 동일하게 작업한다.

단추 여밈단

1단 앞판 제일 오른쪽 모서리에서 9번째 코의 뒤 가닥에 실 F를 연결해서, 사슬 1코, 사슬 1코가 떠진 자리에 짧은뜨기, 다음 40코의 뒤 가닥에 짧은뜨기(이랑뜨기).

2단 사슬 1코, 다음 41코에 짧은뜨기, 편물을 돌린다.

3-4단 2단과 동일하게 작업하고, 실을 자른다.

블로킹

앞판과 뒤판을 34cm 정사각형으로 스팀 블로킹한다.

마무리

테두리

모든 테두리 코는 앞판과 뒤판 각 부분의 대칭되는 코와 사슬 아래 빈 공간을 통과하도록 작업한다.

First 앞판 뒤판의 뒷면이 서로 마주 보도록 겹쳐 놓는다.

1단 앞판 편물의 겉면을 보면서, 단추 여밈단 다음 (앞판과 뒤판) 1번째 코의 꼭대기에 실 C를 연결해서, 사슬 1코, 사슬 1코가 떠진 자리에 짧은뜨기, 다음 7코에 짧은뜨기, *모서리의 사슬 아래 빈 공간에 짧은뜨기 3코, 다음 56코에 짧은뜨기*, 2번째 모서리의 사슬 아래 빈 공간에 짧은뜨기 3코, 다음 57코에 짧은뜨기, *에서 *까지 1회 반복, 모서리의 사슬 아래 빈 공간에 짧은뜨기 3코, 다음 8코에 짧은뜨기, 단추 여밈단 앞에서 41코의 앞 가닥에 짧은뜨기(이랑뜨기), 1번째 짧은뜨기에 빼뜨기.

Next 방금 빼뜨기한 자리로 바늘에 걸려 있는 고리를 편물 뒤로 빼고, 편물을 돌린다. 다음 7코에 짧은뜨기, *†뒤로 작업하며 사슬 4코, 짧은뜨기 2코 건너뛰고, 다음 짧은뜨기 2코에 빼뜨기, 앞으로 작업하며 사슬 아래 빈 공간에 짧은뜨기 5코, 사슬코 전의 마지막 짧은뜨기 코에 빼뜨기†, 다음 10코에 짧은뜨기*를 3회 반복, †에서 †까지 1회 반복, 다음 4코에 짧은뜨기, 단추 여밈단 다음 1번째 가장자리 코에 빼뜨기, 실을 자르고 끝이 보이지 않게 정리한다.

단추 달기

단추 여밈단 1단에서, 6번째, 16번째, 26번째, 36번째 코에 핀으로 표시한다. 표시된 코에 바늘과 실로 단추를 꿰맨다.

화려한 장미 쿠션

여기 당장 바늘을 잡고 싶게 만들 크고 화려한 꽃이 있습니다. 부드러운 이탈리아 울 캐시미어 혼방실로 떠진 데다가 여러 겹의 예쁜 꽃이 잔뜩 얹힌 이 쿠션 커버는 안락한 독서 공간이나 뜨개 아지트에서 꼭 껴안을 수 있는, 여러분이 가장 좋아하는 작품이 될 것입니다.

필요한 도구와 재료

- 모사용 코바늘 7.5호(4.5mm)
- Gomitoli Cashmere Lana 50g(107m) 10000/Natural(실 A) 3볼, 10028/Pink(실 B) 3볼, 10012/Paprika(실 C), 10008/Saffron yellow(실 D), 10033/Sky(실 E) 각 1볼
- 2cm 단추 4개
- 35cm 정사각형 쿠션
- 돗바늘
- 가위
- 핀
- 바늘 / 실 A에 어울리는 재봉실

대체 실

표준 worsted 굵기의 어떤 실로든 대체할 수 있지만, 시작하기 전에 세심하게 게이지를 확인하는 것이 중요하다.

특별한 무늬

긴뜨기 뒤걸어뜨기 = bp-htr
스파이크 짧은뜨기 = sdc

게이지

1길긴뜨기 그래니 스퀘어 모티브 5단 = 10cm

완성 크기

35cm 정사각형 도안

도안

앞판

원형뜨기의 시작코 실 A와 모사용 코바늘 7.5호로, 실 끝을 고리로 만들어 바늘에 건다.

1단 사슬 4코(1번째 1길긴뜨기, 사슬 1코로 센다), 고리 안에 [1길긴뜨기, 사슬 1코]를 6회 반복, 고리를 닫고, 단 시작 사슬 4코의 3번째 사슬에 빼뜨기.

2단 사슬 1코, 사슬 1코가 떠진 자리에 짧은뜨기, *사슬 아래 빈 공간에 짧은뜨기 2코, 다음 코에 짧은뜨기*를 6회 반복, 사슬 아래 빈 공간에 짧은뜨기 2코, 1번째 짧은뜨기에 빼뜨기.

3단 사슬 3코(1번째 1길긴뜨기로 센다), 사슬 3코가 떠진 자리에 [1길긴뜨기, 사슬 1코, 1길긴뜨기 2코, 사슬 1코], *전 단의 2코 건너뛰고, 다음 코에 [1길긴뜨기 2코, 사슬 1코]를 2회 반복*을 6회 반복, 단 시작 사슬 3코의 3번째 사슬에 빼뜨기.

4단 사슬 아래 빈 공간 아무 데나 실 C를 연결해서, 사슬 2코, 같은 사슬 아래 빈 공간에 1길긴뜨기 3코 구슬뜨기(1번째 1길긴뜨기 4코 구슬뜨기로 센다), 사슬 2코, 각 사슬 아래 빈 공간에 [1길긴뜨기 4코 구슬뜨기, 사슬 2코]를 단 끝까지 반복, 1번째 1길긴뜨기 3코 구슬뜨기 코의 꼭대기에 빼뜨기, 실을 자른다.

5단 전 단의 1길긴뜨기 4코 구슬뜨기 코 아무 데나 실 A를 연결해서, 사슬 1코, 사슬 1코가 떠진 자리에 짧은뜨기, *사슬 아래 빈 공간에 짧은뜨기 3코, 다음 코에 짧은뜨기*를 13회 반복, 사슬 아래 빈 공간에 짧은뜨기 3코, 1번째 짧은뜨기 꼭대기에 빼뜨기.

6단 사슬 1코, 사슬 1코가 떠진 자리에 짧은뜨기, *사슬 4코, 전 단의 3코 건너뛰고, 다음 코에 짧은뜨기*를 13회 반복, 사슬 4코, 1번째 짧은뜨기에 빼뜨기.

7단 사슬 1코, 각 사슬 아래 빈 공간에 [짧은뜨기, 긴뜨기, 1길긴뜨기 4코, 긴뜨기, 짧은뜨기]를 단 끝까지 반복, 1번째 짧은뜨기에 빼뜨기, 실을 자른다.

8단 전 단 짧은뜨기 2코(꽃잎의 마지막과 첫 번째 코) 사이 아무 데나 실 D를 연결해서, 사슬 1코, *6단의 짧은뜨기 코에 긴뜨기 뒤걸어뜨기, 사슬 5코*를 단 끝까지 반복, 1번째 긴뜨기 뒤걸어뜨기에 빼뜨기.

9단 사슬 1코, 각 사슬 아래 빈 공간에 [짧은뜨기, 긴뜨기, 1길긴뜨기, 2길긴뜨기 3코, 1길긴뜨기, 긴뜨기, 짧은뜨기]를 단 끝까지 반복, 1번째 짧은뜨기에 빼뜨기, 실을 자른다.

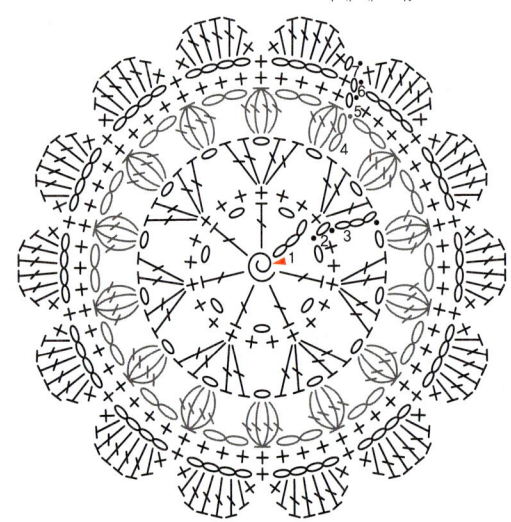

△ 앞판 – 장미 모티브의 중심

10단 전 단의 짧은뜨기 2코 사이 아무 데나 실 E를 연결해서, 사슬 1코, *8단의 같은 코에 긴뜨기 뒤걸어뜨기, 사슬 6코*를 단 끝까지 반복, 1번째 긴뜨기 뒤걸어뜨기에 빼뜨기.

11단 사슬 1코, 각 사슬 아래 빈 공간에 [짧은뜨기, 긴뜨기, 1길긴뜨기, 2길긴뜨기 4코, 1길긴뜨기, 긴뜨기, 짧은뜨기를 단 끝까지 반복, 1번째 짧은뜨기에 빼뜨기, 실을 자른다.

12단 전 단의 짧은뜨기 2코 사이 아무 데나 실 A를 연결해서, 사슬 1코, *10단의 같은 코에 긴뜨기 뒤걸어뜨기, 사슬 7코*를 단 끝까지 반복, 1번째 긴뜨기 뒤걸어뜨기에 빼뜨기.

13단 사슬1코, 각 사슬 아래 빈 공간마다 [짧은뜨기, 긴뜨기, 1길긴뜨기, 2길긴뜨기 5코, 1길긴뜨기, 긴뜨기, 짧은뜨기를 단 끝까지 반복, 1번째 짧은뜨기에 빼뜨기, 실을 자른다.

▽ 앞판 – 장미 모티브의 꽃잎
주의: 전 그림 도안의 7단이 반복됨.

14단 전 단의 짧은뜨기 2코 사이 아무 데나 실 B를 연결해서, 12단의 긴뜨기 뒤걸어뜨기 코에 긴뜨기 뒤걸어뜨기를 하며, 12단과 동일하게 작업한다.

15단 13단과 동일하게 작업하고, 실을 자른다.

16단 전 단의 짧은뜨기 2코 사이 아무 데나 실 C를 연결해서, 사슬 1코, *14단의 같은 코에 긴뜨기 뒤걸어뜨기, 사슬 8코*를 단 끝까지 반복, 1번째 긴뜨기 뒤걸어뜨기에 빼뜨기.

17단 사슬 1코, 각 사슬 아래 빈 공간에 [짧은뜨기, 긴뜨기, 1길긴뜨기, 2길긴뜨기 6코, 1길긴뜨기, 긴뜨기, 짧은뜨기를 단 끝까지 반복, 1번째 짧은뜨기에 빼뜨기, 실을 자른다.

18단 전 단의 짧은뜨기 2코 사이 아무 데나 실 D를 연결해서, 사슬 1코, *16단의 같은 코에 긴뜨기 뒤걸어뜨기, 사슬9코*를 단 끝까지 반복, 1번째 긴뜨기 뒤걸어뜨기에 빼뜨기.

19단 사슬 1코, 각 사슬 아래 빈 공간에 [짧은뜨기, 긴뜨기, 1길긴뜨기, 2길긴뜨기 7코, 1길긴뜨기, 긴뜨기, 짧은뜨기를 단 끝까지 반복, 1번째 짧은뜨기에 빼뜨기, 실을 자른다.

20단 전 단의 짧은뜨기 2코 사이 아무 데나 실 A를 연결해서, 18단의 긴뜨기 뒤걸어뜨기 코에 긴뜨기 뒤걸어뜨기를 하며, 18단과 동일하게 작업한다.

21단 사슬 1코, 각 사슬 아래 빈 공간에 [짧은뜨기, 긴뜨기, 1길긴뜨기, 2길긴뜨기 8코, 1길긴뜨기, 긴뜨기, 짧은뜨기를 단 끝까지 반복, 1번째 짧은뜨기에 빼뜨기, 실을 자른다.

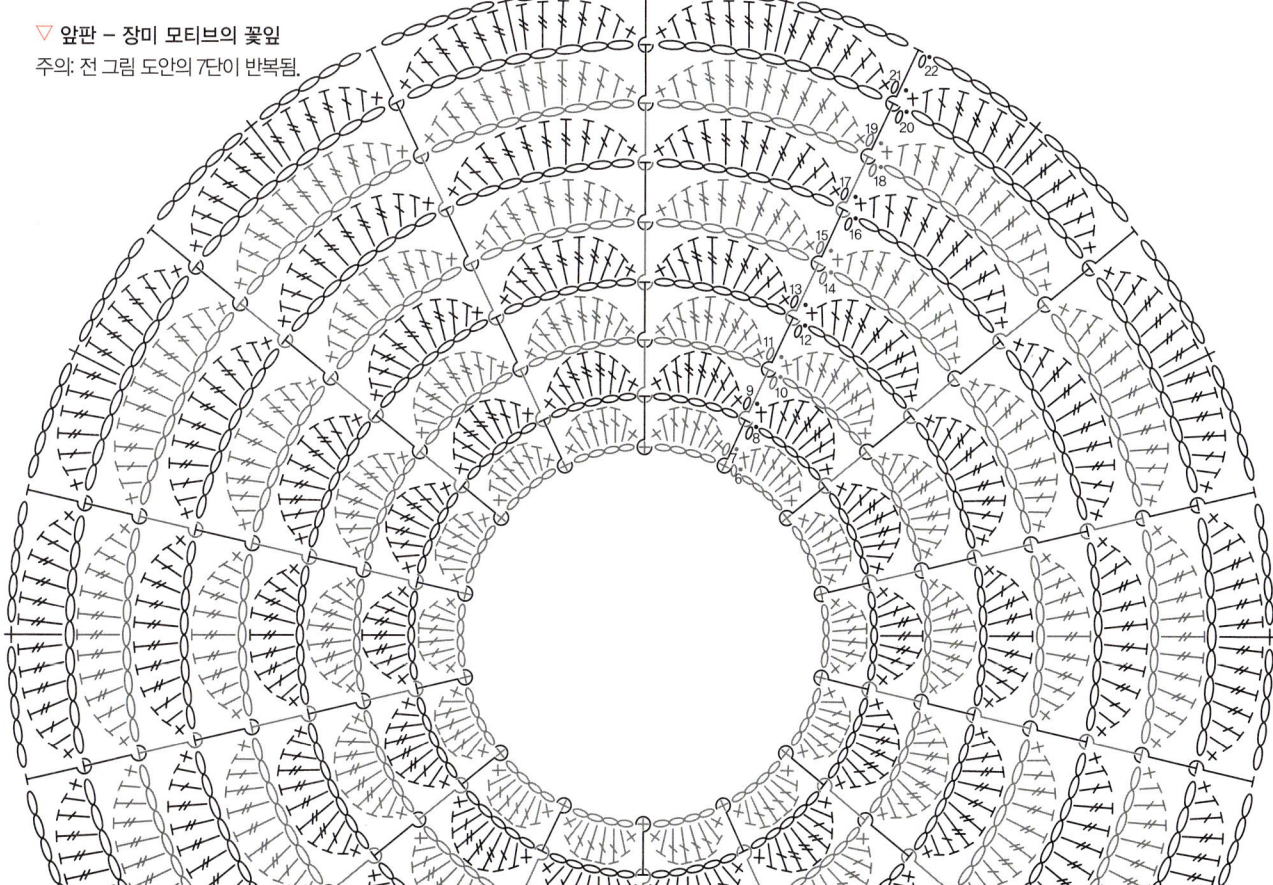

22단 사슬 1코, *20단의 긴뜨기 뒤걸어뜨기와 같은 코에 긴뜨기 뒤걸어뜨기, 사슬 5코, 편물 뒤에서 전 단의 4번째 5번째 꽃잎의 2길긴뜨기 코 사이, 20단의 시작 사슬코에 짧은뜨기, 사슬 5코*를 단 끝까지 반복, 1번째 긴뜨기 뒤걸어뜨기에 빼뜨기.

23단 사슬 1코, *다음 2개의 사슬 아래 빈 공간에 짧은뜨기 5코, 다음 사슬 아래 빈 공간에 긴뜨기 5코, 다음 사슬 아래 빈 공간에 [1길긴뜨기 4코, 2길긴뜨기], 다음 코에 2길긴뜨기, 다음 사슬 아래 빈 공간에 [2길긴뜨기, 1길긴뜨기 4코], 다음 사슬 아래 빈 공간에 긴뜨기 5코, 다음 사슬 아래 빈 공간에 짧은뜨기 5코*를 4회 반복, 1번째 짧은뜨기에 빼뜨기.

24단 사슬 2코, 사슬 2코가 떠진 자리에 긴뜨기, 다음 7코에 긴뜨기, *†다음 9코에 1길긴뜨기, 다음 3코에 2길긴뜨기, 다음 코에 [2길긴뜨기 2코, 사슬 2코, 2길긴뜨기 2코], 다음 3코에 2길긴뜨기, 다음 9코에 1길긴뜨기†, 다음 11코에 긴뜨기*를 3회 반복, †에서 †까지 1회 반복, 다음 3코에 긴뜨기, 1번째 긴뜨기에 빼뜨기.

25단 단 시작 1길긴뜨기, 다음 21코에 1길

긴뜨기, *†모서리의 사슬 아래 빈 공간에 [2길긴뜨기 2코, 사슬 2코, 2길긴뜨기 2코], 전 단의 1코를 건너뛰고†, 다음 38코에 1길긴뜨기*를 3회 반복, †에서 †까지 1회 반복, 다음 16코에 1길긴뜨기, 단 시작 1길긴뜨기 코 꼭대기에 빼뜨기.

26단 단 시작 1길긴뜨기, 단 시작 1길긴뜨기가 떠진 자리에 1길긴뜨기 2코, [전 단의 2코 건너뛰고, 다음 코에 1길긴뜨기 3코 넣어뜨기]를 7회 반복, *†모서리의 사슬 아래 빈 공간에 [1길긴뜨기 3코, 사슬 1코, 1길긴뜨기 3코], 전 단의 3코 건너뛰고, 다음 코에 1길긴뜨기 3코 넣어뜨기†, [전 단의 2코 건너뛰고, 다음 코에 1길긴뜨기 3코 넣어뜨기]를 12회 반복*을 3회 반복, †에서 †까지 1회 반복, [전 단의 2코 건너뛰고, 다음 코에 1길긴뜨기 3코 넣어뜨기]를 4회 반복, 단 시작 1길긴뜨기 꼭대기에 빼뜨기.

27-20단 26단이 전통적인 그래니 스퀘어 도안이다. 위와 동일하게 27-29단을 작업하고, 실을 자른다.

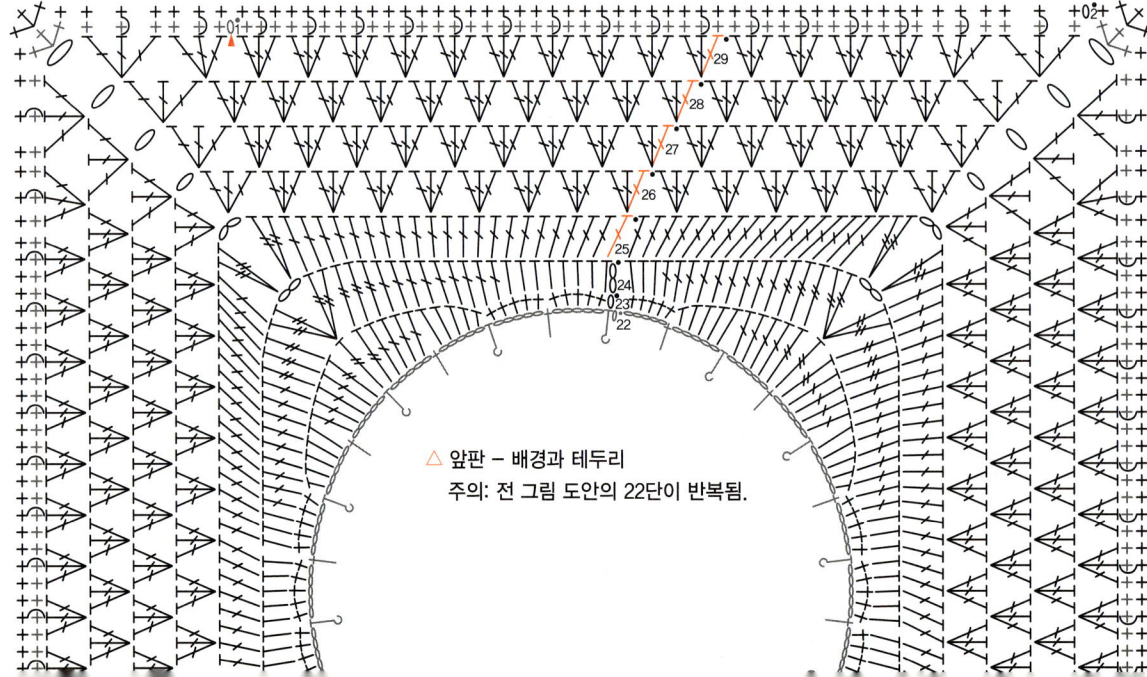

△ 앞판 - 배경과 테두리
주의: 전 그림 도안의 22단이 반복됨.

단추 여밈단

앞판의 한쪽 면을 따라, 편물의 겉면을 보면서, 오른쪽 모서리에서 7번째 코의 뒤 가닥에 실 A를 연결한다.

1단 사슬 2코, 사슬 2코가 떠진 자리에 1길긴뜨기, 다음 41코의 뒤 가닥에 1길긴뜨기(이랑뜨기), 편물을 돌린다.

2단 사슬 2코, 다음 42코에 1길긴뜨기, 편물을 돌린다.

3단 2단과 동일하게 작업하고, 실을 자른다.

뒤판

이 쿠션의 뒤판은 다음과 같이 한 가지 색으로, 기본적인 그래니 스퀘어로 작업된다.

원형뜨기의 시작코 실 B와 모사용 코바늘 7.5호로, 사슬 6코, 고리를 만들기 위해 빼뜨기한다.

1단 단 시작 1길긴뜨기, 고리 안에 [1길긴뜨기 2코, 사슬 1코], 고리 안에 [1길긴뜨기 3코, 사슬 1코]를 3회 반복, 단 시작 1길긴뜨기 꼭대기에 빼뜨기.

2단 단 시작 1길긴뜨기, 다음 3개의 사슬 아래 빈 공간에 [1길긴뜨기 3코, 사슬 1코, 1길긴뜨기 3코], 마지막 사슬 아래 빈 공간에 [1길긴뜨기 3코, 사슬 1코, 1길긴뜨기 2코], 단 시작 1길긴뜨기 꼭대기에 빼뜨기.

3단 옆면 공간(전 단의 단 시작 1길긴뜨기와 1번째 1길긴뜨기 사이)에 빼뜨기, 단 시작 1길긴뜨기, 같은 공간에 1길긴뜨기 2코, *†모서리의 사슬 아래 빈 공간에 [1길긴뜨기 3코, 사슬 1코, 1길긴뜨기 3코]†, 옆면 공간에 1길긴뜨기 3코 넣어뜨기*를 3회 반복, †에서 †까지 1회 반복, 단 시작 1길긴뜨기 꼭대기에 빼뜨기.

4단 단 시작 1길긴뜨기, 다음 옆면 공간에 1길긴뜨기 3코 넣어뜨기, *†모서리의 사슬 아래 빈 공간에 [1길긴뜨기 3코, 사슬 1코, 1길긴뜨기 3코]†, 다음 2개의 옆면 공간에 1길긴뜨기 3코 넣어뜨기*를 3회 반복, †에서 †까지 1회 반복, 마지막 옆면 공간에 1길긴뜨기 2코, 단 시작 1길긴뜨기 꼭대기에 빼뜨기.

5단 옆면 공간에 빼뜨기, 단 시작 1길긴뜨기, 같은 공간에 1길긴뜨기 2코, 다음 옆면 공간에 1길긴뜨기 3코 넣어뜨기, *†모서리의 사슬 아래 빈 공간에 [1길긴뜨기 3코, 사슬 1코, 1길긴뜨기 3코]†, 다음 3개의 옆면 공간에 1길긴뜨기 3코 넣어뜨기*를 3회 반복, †에서 †까지 1회 반복, 옆면 공간에 1길긴뜨기 3코 넣어뜨기, 단 시작 1길긴뜨기 꼭대기에 빼뜨기.

6-18단 1-5단이 기본 그래니 스퀘어 모티브 도안이다. 위와 동일하게 6-18단을 작업하고, 실을 자른다.

블로킹

앞판과 뒤판 편물을 34cm 정사각형으로 스팀 다림질한다.

마무리

테두리

모든 테두리 코는 앞판과 뒤판의 대칭되는 코와 사슬 아래 빈 공간을 통과하도록 작업한다. 앞판 뒤판의 뒷면이 서로 마주 보게 모서리를 맞춰 겹쳐 놓는다.

1단 앞판을 보면서, 단추 여밈단 다음 (앞판과 뒤판의) 1번째 코의 꼭대기에 실 D를 연결해서, 사슬 1코, 사슬 1코가 떠진 자리에 짧은뜨기, 다음 5코에 짧은뜨기, *†모서리의 사슬 아래 빈 공간에 짧은뜨기 3코†, 다음 54코에 짧은뜨기*를 3회 반복, †에서 †까지 1회 반복, 다음 6코에 짧은뜨기, 단추 여밈단 앞에서 42코의 앞 가닥에 짧은뜨기(이랑뜨기), 1번째 짧은뜨기에 빼뜨기.

Next 방금 빼뜨기한 자리로 바늘에 걸려 있는 고리를 편물 뒤로 빼고, 편물을 돌린다. 뒤판의 42코에 짧은뜨기, 단추 여밈단 다음 1번째 가장자리 코에 빼뜨기, 실을 자른다.

2단 앞판 편물을 보면서, 모서리의 3코 다음 1번째 코 아무 데나 실 A를 연결해서, 사슬 1코, 사슬 1코가 떠진 자리에 짧은뜨기, *†[다음 코에 스파이크 짧은뜨기, 다음 2코에 짧은뜨기]를 18회 반복, 다음 코에 짧은뜨기 3코†, 다음 2코에 짧은뜨기*를 3회 반복(단추 여밈단의 겉면만 따라서 작업), †에서 †까지 1회 반복, 다음 코에 짧은뜨기, 1번째 짧은뜨기에 빼뜨기. 실을 자르고 끝이 보이지 않게 마무리한다.

단추 달기

단추 여밈단 2단의 8번째, 17번째, 26번째, 35번째 코에 핀으로 표시한다. 표시된 코에 실과 바늘을 이용해 단추를 꿰맨다.

화려한 장미 쿠션

캔디 콘 쿠션

색채가 풍부한 양말 실이나 아름다운 손 염색 4ply 실을 사는 데 돈을 펑펑 쓰고는 결국 그 실의 아름다움을 최대로 돋보이게 할 만한 완벽한 작품을 만나지 못해 실바구니 바닥에 팽개쳐두고 있지는 않나요? 이 쿠션 커버가 여러분의 소중한 실타래를 볼로 감도록 최종적으로 유혹할 바로 그 작품입니다. 코바늘로 뜰 때 정말 재미있는 팝콘무늬는 알록달록한 실을 최대한 활용할 수 있고, 또 모든 색이 최대의 효과를 뽐낼 수 있게 해줍니다. 더구나 배경이 흰색이라면 팝콘무늬가 톡톡 튀도록 만들어주죠! 여기서는 보이는 것만큼이나 만지는 느낌도 좋도록 아주 부드럽고 순도 높은 메리노 실을 사용했습니다.

필요한 도구와 재료

- 모사용 코바늘 5호
- Rowan Wool Cotton 4ply 50g(180m) 483/White(실 A) 2볼
- Queen Squash 100g(400m) Cupcake Sprinkles(실 B), Speckled Elves(실 C) 각 1볼
- 1.5cm 단추 5개
- 직경 35cm 쿠션
- 콧수 표시 링(선택 사항)
- 돗바늘
- 가위
- 핀
- 바늘 / 실 B에 어울리는 재봉실

특별한 무늬

pc = 팝콘뜨기

이 도안에서 팝콘뜨기는 1길긴뜨기 5코와 그 후에 작업하는 사슬 1코로 만들어진다. 또 이어지는 단에서 팝콘뜨기 코 꼭대기에 작업할 때, 사슬코가 아니라 1번째 1길긴뜨기 코에 뜬다.

게이지

1길긴뜨기로 6단(각 단에서 12코씩 코늘림) = 10cm

완성 크기

직경 35cm

도안

앞판

원형뜨기의 시작코 실과 모사용 코바늘 5호로, 사슬 5코, 고리를 만들기 위해 빼뜨기한다.

1단 단 시작 1길긴뜨기, 고리 안에 1길긴뜨기 11코, 단 시작 1길긴뜨기 꼭대기에 빼뜨기. (총 12코)

2단 단 시작 1길긴뜨기, 단 시작 1길긴뜨기가 떠진 자리에 1길긴뜨기(1번째 1길긴뜨기 2코 넣어뜨기로 센다), 각 코마다 1길긴뜨기 2코 넣어뜨기를 단 끝까지 반복, 단 시작 1길긴뜨기 꼭대기에 빼뜨기. (총 24코)

3단 단 시작 1길긴뜨기, 단 시작 1길긴뜨기가 떠진 자리에 1길긴뜨기(1번째 1길긴뜨기 2코 넣어뜨기로 센다), 다음 코에 1길긴뜨기, *다음 코에 1길긴뜨기 2코 넣어뜨기, 다음 코에 1길긴뜨기*를 단 끝까지 반복, 단 시작 1길긴뜨기 꼭대기에 빼뜨기. (총 36코)

4단 단 시작 1길긴뜨기, 단 시작 1길긴뜨기가 떠진 자리에 1길긴뜨기(1번째 1길긴뜨기 2코 넣어뜨기로 센다), 다음 2코에 1길긴뜨기, *다음 코에 1길긴뜨기 2코 넣어뜨기, 다음 2코에 1길긴뜨기*를 단 끝까지 반복, 단 시작 1길긴뜨기 꼭대기에 빼뜨기. (총 48코)

5단 단 시작 1길긴뜨기, 단 시작 1길긴뜨기가 떠진 자리에 1길긴뜨기(1번째 1길긴뜨기 2코 넣어뜨기로 센다), 다음 3코에 1길긴뜨기, *다음 코에 1길긴뜨기 2코 넣어뜨기, 다음 3코에 1길긴뜨기*를 단 끝까지 반복, 단 시작 1길긴뜨기 꼭대기에 빼뜨기. (총 60코)

6-11단 1-5단이 도안이다. 위와 동일하게 6-11단을 작업하고(총 132코), 실을 자른다.

12단 전 단의 1길긴뜨기 2코 넣어뜨기 코 아무 데나 1번째 코에 실 B를 연결해서, 사슬 3코, 사슬 3코가 떠진 자리에 1길긴뜨기(1번째 1길긴뜨기 2코 넣어뜨기로 센다), *†[팝콘뜨기, 다음 2코에 1길긴뜨기를 3회 반복, 팝콘뜨기†, 1길긴뜨기 2코 넣어뜨기를 11회 반복, †에서 †까지 1회 반복, 실을 자르고 돗바늘로 매듭이 보이지 않게 마무리한다.

13단 전 단의 1길긴뜨기 2코 넣어뜨기 코 아무 데나 1번째 코에 실 A를 연결해서, 사슬 3코, 사슬 3코가 떠진 자리에 1길긴뜨기(1번째 1길긴뜨기 2코 넣어뜨기로 센다), 다음 11코에 1길긴뜨기, *다음 코에 1길긴뜨기 2코 넣어뜨기, 다음 11코에 1길긴뜨기*를 단 끝까지 반복, 단 시작 사슬 3코의 3번째 사슬에 빼뜨기. (총 156코)

14단 단 시작 1길긴뜨기, 단 시작 1길긴뜨기가 떠진 자리에 1길긴뜨기(1번째 1길긴뜨기 2코 넣어뜨기로 센다), 다음 12코에 1길긴뜨기, *다음 코에 1길긴뜨기 2코 넣어뜨기, 다음 12코에 1길긴뜨기*를 단 끝까지 반복, 단 시작 1길긴뜨기 꼭대기에 빼뜨기(총 168코), 실을 자른다.

15단 전 단의 1길긴뜨기 2코 넣어뜨기 코 아무 데나 1번째 코에 실 C를 연결해서, 사슬 3코, 사슬 3코가 떠진 자리에 1길긴뜨기(1번째 1길긴뜨기 2코 넣어뜨기로 센다), *†[팝콘뜨기, 다음 2코에 1길긴뜨기를 4회 반복, 팝콘뜨기†, 1길긴뜨기 2코 넣어뜨기를 11회 반복, †에서 †까지 1회 반복, 실을 자르고 돗바늘로 매듭이 보이지 않게 마무리한다.

16단 전 단의 1길긴뜨기 2코 넣어뜨기 코 아무 데나 1번째 코에 실 A를 연결해서, 사슬 3코, 사슬 3코가 떠진 자리에 1길긴뜨기(1번째 1길긴뜨기 2코 넣어뜨기로 센다), 다음 14코에 1길긴뜨기, *다음 코에 1길긴뜨기 2코 넣어뜨기, 다음 14코에 1길긴뜨기*를 단 끝까지 반복(총 192코), 실을 자르고 돗바늘로 매듭이 보이지 않게 마무리한다.

17단 전 단의 1길긴뜨기 2코 넣어뜨기 코 아무 데나 1번째 코에 실 B를 연결해서, 사슬 3코(1번째 1길긴뜨기로 센다), 다음 코에 1길긴뜨기, *팝콘뜨기, 다음 2코에 1길긴뜨기*를 단 끝까지 반복, 마지막 코에 팝콘뜨기, 실을 자르고 돗바늘로 매듭이 보이지 않게 마무리한다.

18단 전 단의 1길긴뜨기 코 아무 데나 실 A를 연결해서, 사슬 3코(1번째 1길긴뜨기로 센다), 각 코마다 1길긴뜨기를 단 끝까지 반복(총 192코). 실을 자르고 돗바늘로 매듭이 보이지 않게 마무리한다.

19단 전 단의 코 아무 데나 실 C를 연결해서, 사슬 3코(1번째 1길긴뜨기로 센다), 다음 코에 1길긴뜨기, *팝콘뜨기, 다음 2코에 1길긴뜨기*를 단 끝까지 반복, 마지막 코에 팝콘뜨기, 실을 자르고 돗바늘로 매듭이 보이지 않게 마무리한다.

20단 전 단의 팝콘뜨기 코 아무 데나 실 B를 연결해서, 19단과 동일하게 작업한다.

21단 전 단의 팝콘뜨기 코 아무 데나 실 C를 연결해서, 19단과 동일하게 작업한다.

22단 20단과 동일하게 작업한다.

23단 전 단의 코 아무 데나 실 A를 연결해서, 사슬 3코, 사슬 3코가 떠진 자리에 1길긴뜨기(1번째 1길긴뜨기 2코 넣어뜨기로 센다), 다음 15코에 1길긴뜨기, *다음 코에 1길긴뜨기 2코 넣어뜨기, 다음 15코에 1길긴뜨기*를 단 끝까지 반복, 단 시작 사슬 3코의 3번째 사슬에 빼뜨기. (총 204코)

24단 단 시작 1길긴뜨기, 각 코마다 1길긴뜨기를 단 끝까지 반복, 단 시작 1길긴뜨기 꼭대기에 빼뜨기. (총 204코)

단추 여밈단

1단 사슬 1코, 사슬 1코가 떠진 자리에 짧은뜨기, 다음 64코의 뒤 가닥에 짧은뜨기(이랑뜨기), 편물을 돌린다.

2-5단 사슬 1코, 다음 65코에 짧은뜨기, 편물을 돌린다. 실을 자른다.

뒤판

24단까지 앞판과 동일하게 작업한다.

단춧구멍 부분

1단 사슬 1코, 사슬 1코가 떠진 자리에 짧은뜨기, 다음 9코에 짧은뜨기, *사슬 2코, 전 단의 1코를 건너뛰고, 다음 10코에 짧은뜨기*를 5회 반복, 다음 코에 빼뜨기, 실을 자른다.

블로킹

앞판과 뒤판을 직경 34cm로 가볍게 스팀 블로킹한다. 쿠션솜에 맞게 동그랗게 모양을 만들어야 하니 가장자리를 너무 잡아당기지 않도록 주의한다.

마무리

테두리

모든 테두리 코는 앞판과 뒤판 부분의 대칭 되는 코와 사슬 아래 빈 공간을 통과하도록 작업한다.

First 앞판과 뒤판의 뒷면이 서로 마주 보게, 단추 여밈단과 단춧구멍 부분을 맞춰 겹쳐 놓는다.

Next 앞판을 보면서, 단추 여밈단 다음 (앞판과 뒤판의) 1번째 코에 실 C를 연결해서, 사슬 1코, 사슬 1코가 떠진 자리에 짧은뜨기, 단추 여밈단의 시작점까지 각 코마다 짧은뜨기, 단추 고리 앞에서 65코의 앞 가닥에 짧은뜨기(이랑뜨기), 1번째 짧은뜨기에 빼뜨기.

Next 방금 빼뜨기한 자리로 바늘에 걸려 있는 고리를 편물 뒤로 빼고, 편물을 돌린다. *뒤판의 10코에 짧은뜨기, 다음 사슬 아래 빈 공간에 짧은뜨기 5코*를 5회 반복, 다음 10코에 짧은뜨기, 단추 여밈단 다음 1번째 가장자리 코에 빼뜨기, 실을 자르고 끝이 보이지 않게 정리한다.

단추 달기

단추 여밈단 2단의 11번째, 22번째, 33번째, 44번째, 55번째 코에 핀으로 표시한다. 표시된 코에 실과 바늘을 이용해 단추를 꿰맨다.

TIPS & TRICKS

코늘림과 무늬 반복을 콧수 링으로 표시하고 싶다면, 서술 도안의 각 단에 *로 표시된 각 무늬 반복 전에 콧수 링을 걸면 된다. 작은 안전핀이나 작품실과 대조되는 색의 실 조각은 뜨개방에서 구입한 콧수 마커를 대신하기 좋다.

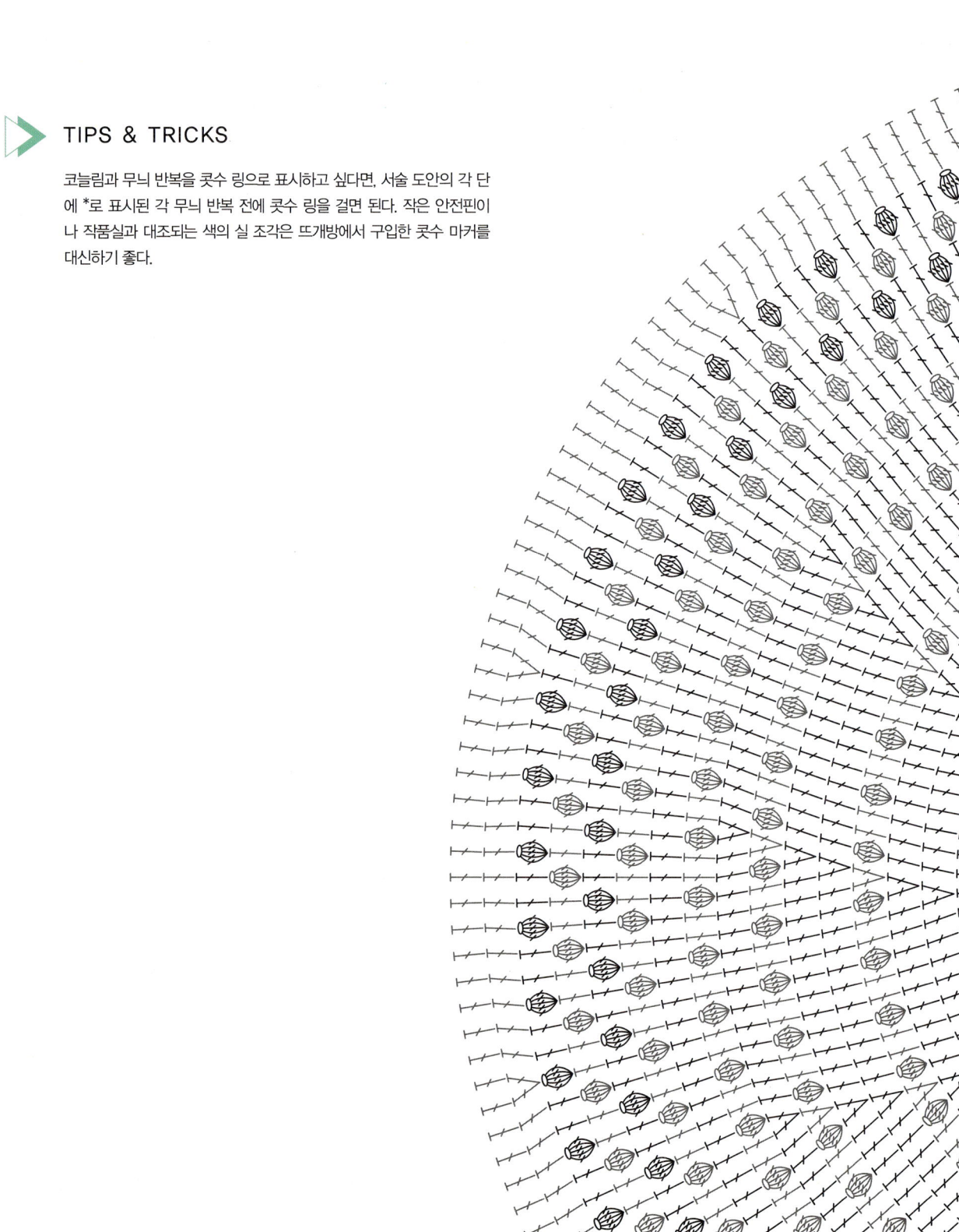

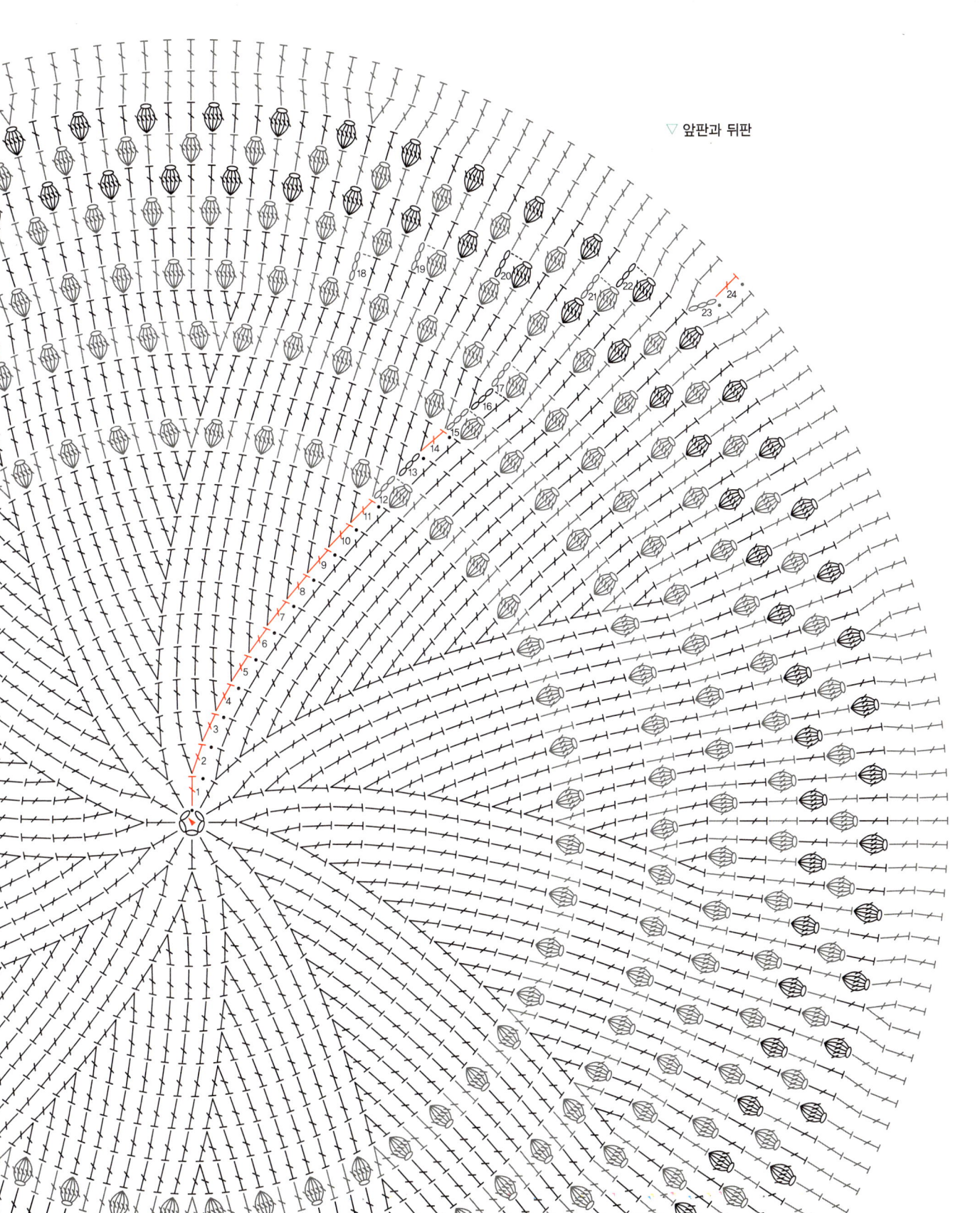

▽ 앞판과 뒤판

담요와 덮개

스카보로 록 바닥 덮개

나는 영국의 북동쪽 해안에서 자랐습니다. 아주 작은 소녀였을 때 가족과 함께 해안의 예쁜 소도시와 어촌 마을을 보기 위해 당일 여행을 가곤 했었고, 지금도 몇몇 곳을 기억하고 있습니다. 그중 하나는 스카보로인데, 거기서 샀던 알록달록한 막대 모양의 '록' 사탕 덕분입니다. 이 길고 알록달록한 막대 모양 사탕의 좋은 점은 '스카보로 록'이란 단어가 종종 옛 기억을 되살려준다는 것입니다. 사탕은 정말 맛있었고, 그 기억은 나에게 큰 사이즈의 원형 덮개를 만들 수 있는 영감을 주었습니다.

필요한 도구와 재료

- 모사용 코바늘 9호
- Blue Sky Alpacas Worsted Cotton 100g(137m)
  80/Bone(실 A) 5볼, 617/Lotus(실 B), 638/Dandelion(실 C), 604/Aloe(실 D), 644/Lavender(실 E), 642/Pink Parfait(실 F), 632/Mediterranean (실 G) 각 1볼
- 돗바늘
- 가위

대체 실

표준 worsted 굵기의 어떤 실로든 대체할 수 있지만, 시작하기 전에 세심하게 게이지를 확인하는 것이 중요하다.

게이지

1길긴뜨기로 3½단 작업한 원형 모티브 (각 단에서 12코씩 코늘림) = 10cm

완성 크기

블로킹 후 직경 약 115cm

도안

중심 부분

원형뜨기의 시작코 모사용 코바늘 9호와 실 A로, 사슬 5코, 고리를 만들기 위해 빼뜨기한다.

1단 사슬 4코(1번째 1길긴뜨기, 사슬 1코로 센다), 고리 안에 [1길긴뜨기, 사슬 1코]를 7회 반복, 단 시작 사슬 4코의 3번째 사슬에 빼뜨기.

2단 사슬 아래 빈 공간에 빼뜨기, 단 시작 1길긴뜨기, 같은 사슬 아래 빈 공간에 [1길긴뜨기, 사슬 1코], 각 사슬 아래 빈 공간마다 [1길긴뜨기 2코, 사슬 1코]를 단 끝까지 반복, 단 시작 1길긴뜨기 꼭대기에 빼뜨기.

3단 단 시작 1길긴뜨기, 사슬 1코, 각 사슬 아래 빈 공간마다 [1길긴뜨기 3코 넣어뜨기, 사슬 1코], 마지막 사슬 아래 빈 공간에 1길긴뜨기 2코, 단 시작 1길긴뜨기 꼭대기에 빼뜨기.

4단(코늘림 단) 사슬 아래 빈 공간에 빼뜨기, 단 시작 1길긴뜨기, 같은 사슬 아래 빈 공간에 [1길긴뜨기, 사슬 1코, 1길긴뜨기 2코, 사슬 1코], 각 사슬 아래 빈 공간마다 [1길긴뜨기 2코, 사슬 1코]를 2회 반복, 단 시작 1길긴뜨기 꼭대기에 빼뜨기.

5단 3단과 동일하게 작업한다.

6단(코늘림 단) 4단과 동일하게 작업한다.

7단 단 시작 1길긴뜨기, 사슬 1코, 각 사슬 아래 빈 공간마다 [1길긴뜨기 2코, 사슬 1코], 마지막 사슬 아래 빈 공간에 1길긴뜨기, 단 시작 1길긴뜨기 꼭대기에 빼뜨기.

8단 사슬 아래 빈 공간에 빼뜨기, 단 시작 1길긴뜨기, 같은 사슬 아래 빈 공간에 [1길긴뜨기, 사슬 1코], 각 사슬 아래 빈 공간마다 [1길긴뜨기 2코, 사슬 1코]를 단 끝까지 반복, 단 시작 1길긴뜨기 꼭대기에 빼뜨기.

9단 단 시작 1길긴뜨기, 각 사슬 아래 빈 공간마다 1길긴뜨기 3코 넣어뜨기, 마지막 사슬 아래 빈 공간에 1길긴뜨기 2코, 단 시작 1길긴뜨기 꼭대기에 빼뜨기, 실을 자른다.

10단 전 단의 1길긴뜨기 3코 넣어뜨기 코 사이 아무 데나 실 B를 연결해서, *사슬 3코(1번째 1길긴뜨기로 센다), 전 단의 1길긴뜨기 3코 넣어뜨기 코 사이 각 공간에 1길긴뜨기 3코 넣어뜨기, 마지막 공간에 1길긴뜨기 2코*, 실을 자르고 돗바늘로 매듭이 보이지 않게 마무리한다.

11단 전 단의 1길긴뜨기 3코 넣어뜨기 코 사이 아무 데나 실 A를 연결해서, 10단의 *에서 *까지 반복, 단 시작 사슬 3코의 3번째 사슬에 빼뜨기.

12단 전 단의 1길긴뜨기 3코 넣어뜨기 코 사이 아무 데나 빼뜨기, 단 시작 1길긴뜨기, 같은 공간에 [1길긴뜨기 2코, 사슬 1코], 전 단의 1길긴뜨기 3코 넣어뜨기 사이의 공간마다 [1길긴뜨기 3코 넣어뜨기, 사슬 1코], 단 시작 1길긴뜨기 꼭대기에 빼뜨기, 실을 자른다.

13단 사슬 아래 빈 공간 아무 데나 실 C를 연결해서, 사슬 4코(1번째 1길긴뜨기, 사슬 1코로 센다), 각 사슬 아래 빈 공간마다 [1길긴뜨기 3코 넣어뜨기, 사슬 1코], 마지막 사슬 아래 빈 공간에 1길긴뜨기 2코, 실을 자르고 돗바늘로 매듭이 보이지 않게 마무리한다.

14단(코늘림 단) 사슬 아래 빈 공간 아무 데나 실 D를 연결해서, 사슬 4코(1번째 1길긴뜨기, 사슬 1코로 센다), 각 사슬 아래 빈 공간마다 [1길긴뜨기 2코, 사슬 1코]를 2회 반복, 마지막 사슬 아래 빈 공간에 [1길긴뜨기 2코, 사슬 1코, 1길긴뜨기], 실을 자르고 돗바늘로 매듭이 보이지 않게 마무리한다.

15단 사슬 아래 빈 공간 아무 데나 실 A를 연결해서, *사슬 4코(1번째 1길긴뜨기, 사슬 1코로 센다), 각 사슬 아래 빈 공간마다 [1길긴뜨기 2코, 사슬 1코], 마지막 사슬 아래 빈 공간에 1길긴뜨기*, 실을 자르고 돗바늘로 매듭이 보이지 않게 마무리한다.

16단 사슬 아래 빈 공간 아무 데나 실 E를 연결해서, 15단의 *에서 *까지 반복, 실을 자르고 돗바늘로 매듭이 보이지 않게 마무리한다.

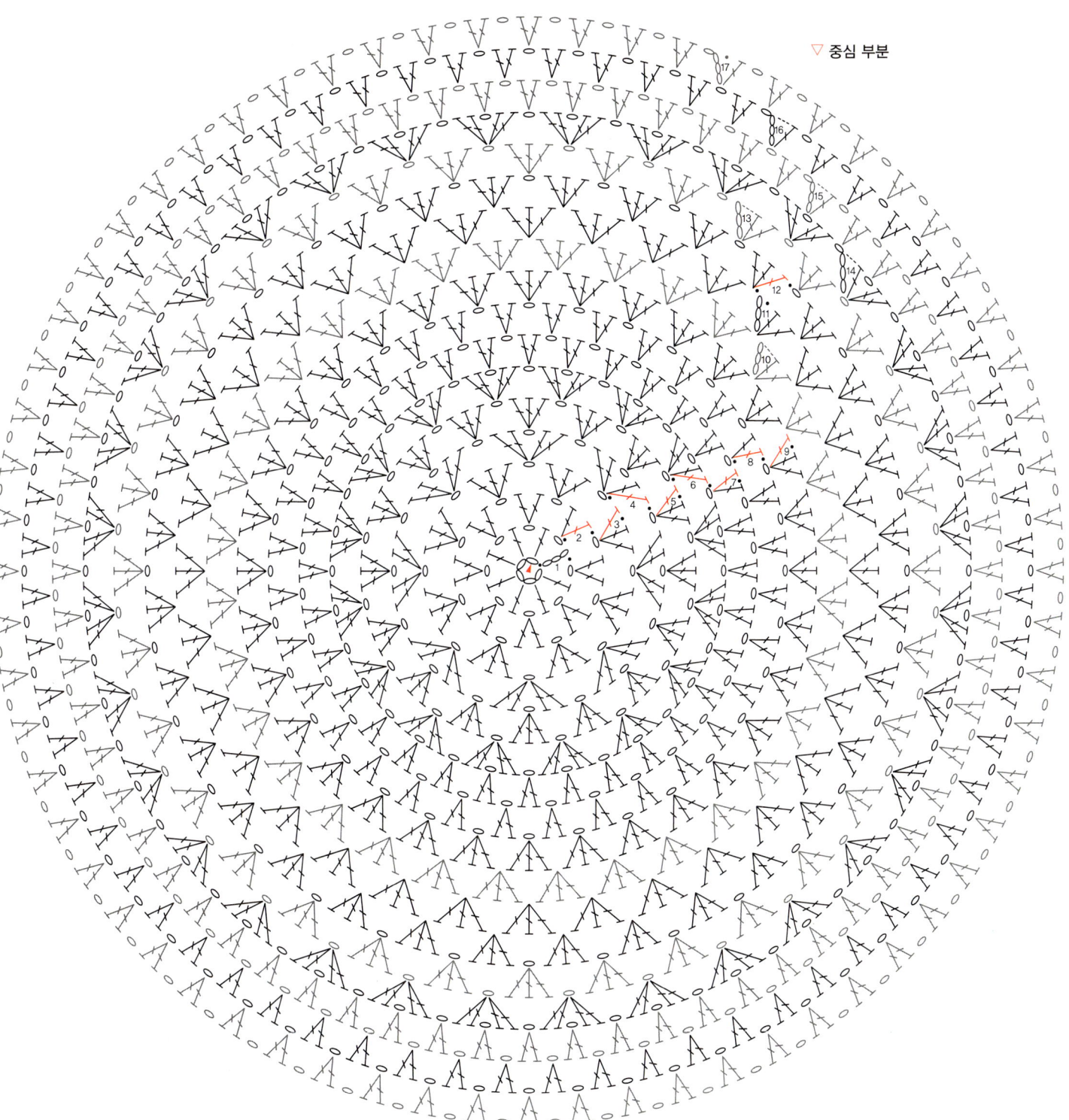

▽ 중심 부분

바깥 부분

17단 사슬 아래 빈 공간 아무 데나 실 A를 연결해서, 15단의 *에서 *까지 반복, 단 시작 사슬 4코의 3번째 사슬에 빼뜨기.

18단 8단과 동일하게 작업한다.

19단 단 시작 1길긴뜨기, 사슬 1코, 각 사슬 아래 빈 공간마다 [1길긴뜨기 2코, 사슬 1코]를 단 끝까지 반복, 마지막 사슬 아래 빈 공간에 1길긴뜨기, 단 시작 1길긴뜨기 꼭대기에 빼뜨기.

20단 사슬 아래 빈 공간에 빼뜨기, 단 시작 1길긴뜨기, 같은 사슬 아래 빈 공간에 1길긴뜨기 2코, 각 사슬 아래 빈 공간마다 1길긴뜨기 3코 넣어뜨기를 단 끝까지 반복, 단 시작 1길긴뜨기 꼭대기에 빼뜨기.

21단 9단과 동일하게 작업한다. 실을 자르지 않는다.

22단 20단과 동일하게 작업한다.

23단 9단과 동일하게 작업한다. 실을 자르지 않는다.

24단 12단과 동일하게 작업한다. 실을 자른다.

25단 사슬 아래 빈 공간 아무 데나 실 C를 연결해서, *사슬 4코(1번째 1길긴뜨기, 사슬 1코로 센다), 각 사슬 아래 빈 공간마다 [1길긴뜨기 3코 넣어뜨기, 사슬 1코]를 단 끝까지 반복, 마지막 사슬 아래 빈 공간에 1길긴뜨기 2코*, 실을 자르고 돗바늘로 매듭이 보이지 않게 마무리한다.

26단 사슬 아래 빈 공간 아무 데나 실 A를 연결해서, 25단의 *에서 *까지 반복, 실을 자르고 돗바늘로 매듭이 보이지 않게 마무리한다.

27단 사슬 아래 빈 공간 아무 데나 실 F를

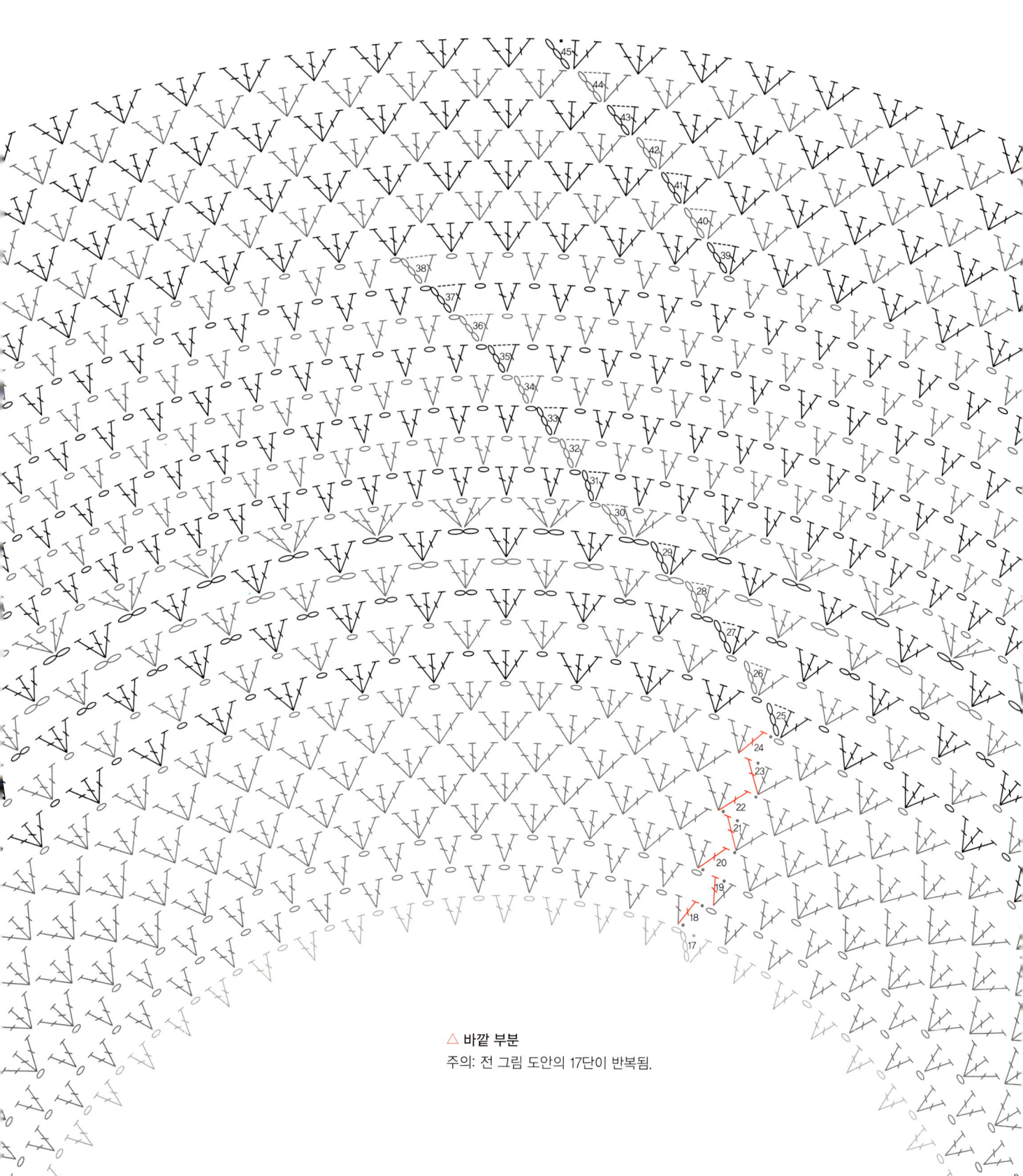

△ 바깥 부분

주의: 전 그림 도안의 17단이 반복됨.

연결해서, 사슬 5코(1번째 1길긴뜨기, 사슬 2코로 센다), 각 사슬 아래 빈 공간마다 [1길긴뜨기 3코 넣어뜨기, 사슬 2코]를 단 끝까지 반복, 마지막 사슬 아래 빈 공간에 1길긴뜨기 2코*, 실을 자르고 돗바늘로 매듭이 보이지 않게 마무리한다.

28단 사슬 아래 빈 공간 아무 데나 실 A를 연결해서, 27단의 *에서 *까지 반복, 실을 자르고 돗바늘로 매듭이 보이지 않게 마무리한다.

29단 사슬 아래 빈 공간 아무 데나 실 D를 연결해서, 27단의 *에서 *까지 반복, 실을 자르고 돗바늘로 매듭이 보이지 않게 마무리한다.

30단(코늘림 단) 사슬 아래 빈 공간 아무 데나 실 A를 연결해서, 14단의 *에서 *까지 반복, 실을 자르고 돗바늘로 매듭이 보이지 않게 마무리한다.

31단 사슬 아래 빈 공간 아무 데나 실 G를 연결해서, 15단의 *에서 *까지 반복, 실을 자르고 돗바늘로 매듭이 보이지 않게 마무리한다.

32단 사슬 아래 빈 공간 아무 데나 실 E를 연결해서, 15단의 *에서 *까지 반복, 실을 자르고 돗바늘로 매듭이 보이지 않게 마무리한다.

33단 31단과 동일하게 작업한다.

34단 사슬 아래 빈 공간 아무 데나 실 F를 연결해서, 15단의 *에서 *까지 반복, 실을 자르고 돗바늘로 매듭이 보이지 않게 마무리한다.

35단 사슬 아래 빈 공간 아무 데나 실 C를 연결해서, 15단의 *에서 *까지 반복, 실을 자르고 돗바늘로 매듭이 보이지 않게 마무리한다.

36단 사슬 아래 빈 공간 아무 데나 실 B를 연결해서, 15단의 *에서 *까지 반복, 실을 자르고 돗바늘로 매듭이 보이지 않게 마무리한다.

37단 사슬 아래 빈 공간 아무 데나 실 A를 연결해서, 15단의 *에서 *까지 반복, 실을 자르고 돗바늘로 매듭이 보이지 않게 마무리한다.

38단 31단과 동일하게 작업한다.

39단 사슬 아래 빈 공간 아무 데나 실 A를 연결해서, *사슬 3코(1번째 1길긴뜨기로 센다), 각 사슬 아래 빈 공간마다 1길긴뜨기 3코 넣어뜨기를 단 끝까지 반복, 마지막 사슬 아래 빈 공간에 1길긴뜨기 2코*, 실을 자르고 돗바늘로 매듭이 보이지 않게 마무리한다.

40단 사슬 아래 빈 공간 아무 데나 실 D를 연결해서, 10단의 *에서 *까지 반복, 실을 자르고 돗바늘로 매듭이 보이지 않게 마무리한다.

41단 사슬 아래 빈 공간 아무 데나 실 A를 연결해서, 10단의 *에서 *까지 반복, 실을 자르고 돗바늘로 매듭이 보이지 않게 마무리한다.

42단 사슬 아래 빈 공간 아무 데나 실 F를 연결해서, 10단의 *에서 *까지 반복, 실을 자르고 돗바늘로 매듭이 보이지 않게 마무리한다.

43단 41단과 동일하게 작업한다.

44단 사슬 아래 빈 공간 아무 데나 실 B를 연결해서, 10단의 *에서 *까지 반복, 실을 자르고 돗바늘로 매듭이 보이지 않게 마무리한다.

45단 사슬 아래 빈 공간 아무 데나 실 A를 연결해서, 10단의 *에서 *까지 반복, 단 시작 사슬 3코의 3번째 사슬에 빼뜨기.

TIPS & TRICKS

크기가 큰 코바늘 작품의 경우 도안에 써있는 게이지와 가능한 한 비슷하게 맞췄음에도 불구하고 뜨기가 까다롭다. 조금 말리거나 우는 것은 나중에 블로킹으로 해결할 수 있지만, 작품을 진행하면서 점점 더 눈에 띄게 말리거나 울 때는 다음과 같이 해보자. 일단 몇 단 작업한 후 어떻게 진행되는지 확인하기 위해 작품을 펼쳐본다. 말림이 심하면 코늘림 단을 진행하기 전에 한두 단을 생략한다. 심하게 울면, 주요 코늘림 단의 전 단을 한두 단 반복한다. 이런 식으로 필요한 만큼 수정하고 각 과정을 확인해 가며 진행하면 덮개는 말리거나 울지 않고 평평하게 펼쳐질 것이다.

테두리

46단 전 단의 1길긴뜨기 3코 넣어뜨기 코 사이의 공간에 빼뜨기, 단 시작 1길긴뜨기, 사슬 4코, 전 단의 1길긴뜨기 3코 넣어뜨기 코 사이의 공간에 각각 [1길긴뜨기, 사슬 4코], 단 시작 1길긴뜨기 꼭대기에 빼뜨기.

47단 사슬 1코, 다음 사슬 4코의 2번째 사슬에 빼뜨기, *다음 사슬 아래 빈 공간에 1길긴뜨기 8코, 다음 사슬 아래 빈 공간에 빼뜨기*를 반복, 1번째 빼뜨기가 떠진 곳과 같은 공간에 마지막 빼뜨기 작업, 실을 자르고 끝이 보이지 않게 마무리한다.

블로킹

다림천을 이용해 직경 115cm로 편물 안쪽에서 스팀 다림질한다.

▽ 테두리
주의: 전 그림 도안의 45단이 반복됨.

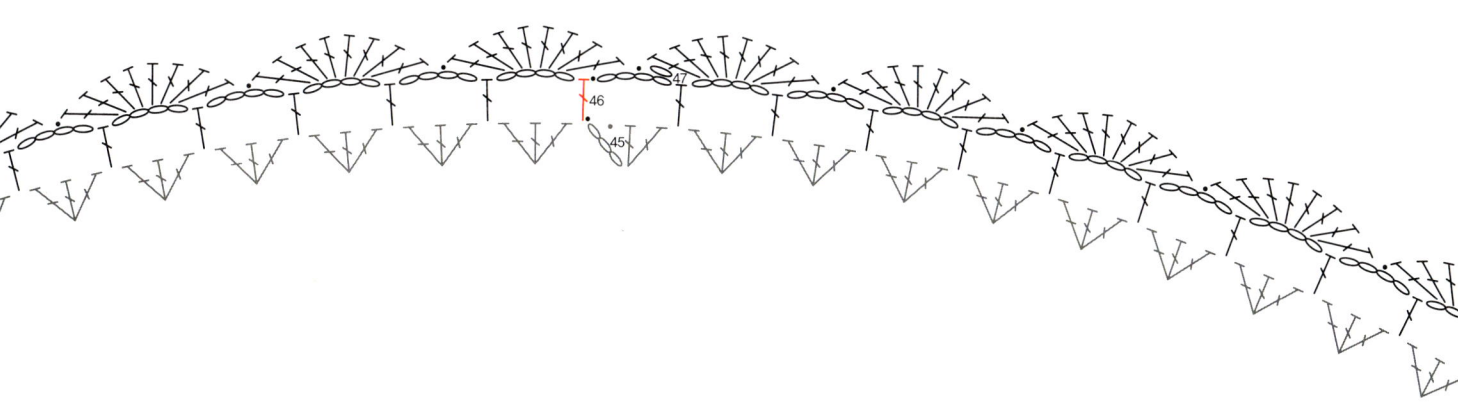

스카보로 록 바닥 덮개

데이지와 작은 물방울무늬 무릎 덮개

살면서 약간의 사치는 필요합니다. 그런 면에서 코바늘 작품을 뜰 실을 고를 때는 할 수 있는 한 최고를 선택하라고 권하고 싶습니다. 많은 시간을 투자해야 하는 작품을 뜰 때라면 특히 더 그렇습니다. 예쁘고 알록달록한 이 무릎 덮개를 위해, 나는 고품질의 아주 부드럽고 순도 높은 알파카인데다 운 좋게도 예산까지 잘 맞는 실을 찾을 수 있었습니다. 데이지와 작은 물방울무늬 모티브의 무릎 덮개는 뜰 때도 즐겁고 앞으로도 몇 년간 보물처럼 아낄 가보가 될 것입니다.

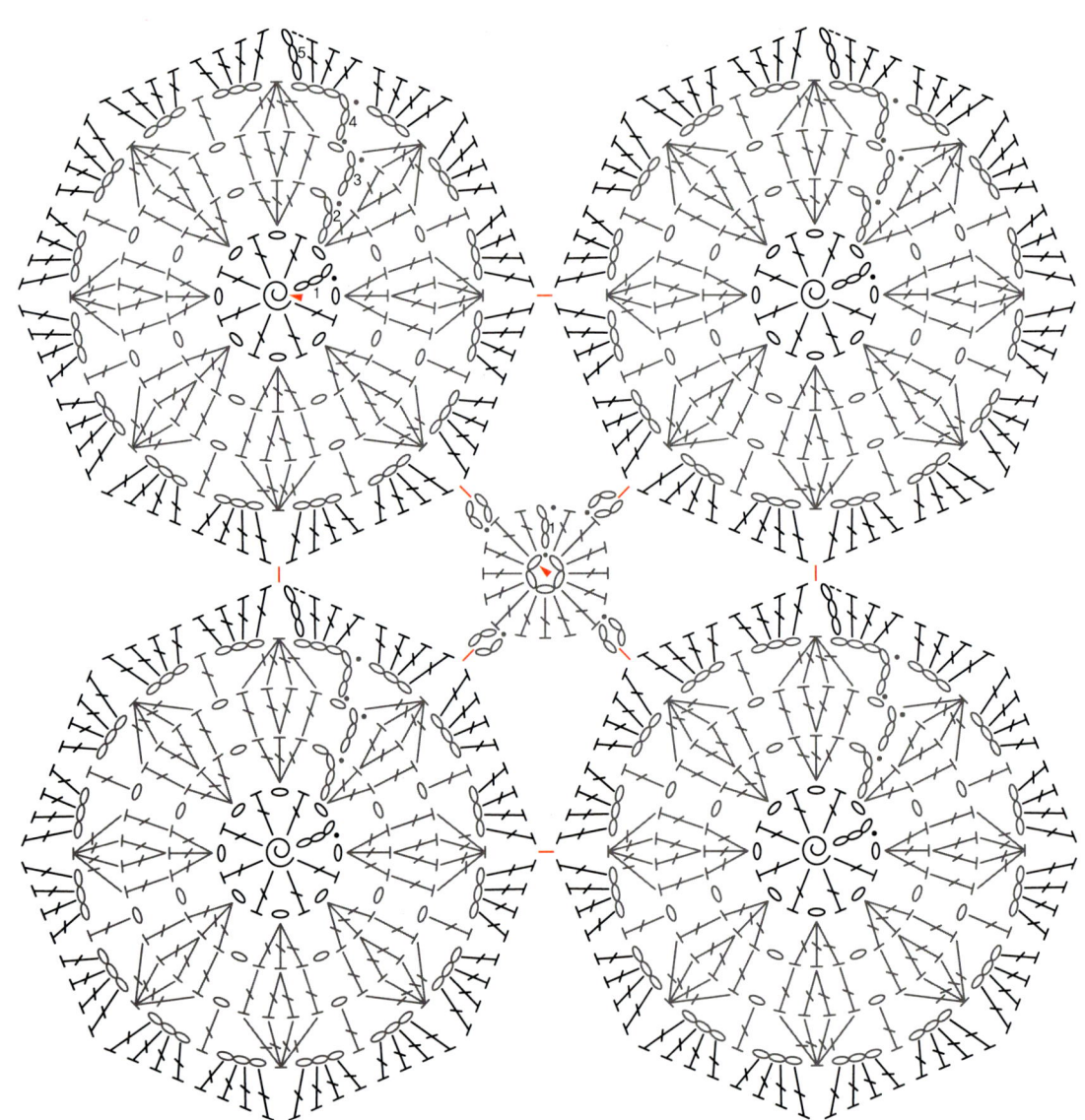

△ 중심에 물방울무늬 모티브가 있는
데이지 모티브

필요한 도구와 재료

- 모사용 코바늘 6호
- Drops Alpaca 50g(167m) 9020/Light Pearl Grey(실 A) 7볼, 1101/White(실 B) 5볼, 2915/Orange (실 C), 2917/Turquoise(실 D), 2923/Goldenrod(실 E), 2921/Pink(실 F), 3112/Dusty Pink(실 G), 2916/Dark Lime(실 H), 5575/Navy Blue(실 I) 각 1볼
- 돗바늘
- 가위

대체 실

표준 4ply(fingering) 혹은 lightweight DK(sport) 굵기의 어떤 실로든 대체할 수 있지만, 시작하기 전에 세심하게 게이지를 확인하는 것이 중요하다.

게이지

1길긴뜨기로 7단 작업한 원형모티브(각 단에서 12코씩 코늘림) = 10cm
데이지 모티브의 크기는 직경 약 8.5cm

완성 크기

세로 약 128cm, 가로 약 94cm

도안

데이지 모티브

색이 있는 중심

165개를 만든다. 실 C, D, E, F로 각 24개, 실 G, H, I로 각 23개.

원형뜨기의 시작코 실과 모사용 코바늘 6을 이용해, 실 끝을 고리로 만들어 바늘에 건다.

1단 사슬 4코(1번째 1길긴뜨기, 사슬 1코로 센다), 고리 안에 [1길긴뜨기, 사슬 1코]를 7회 반복, 고리를 닫고, 시작 사슬 4코의 3번째 사슬에 빼뜨기, 실을 자른다.

꽃잎

실 A로 165개를 만든다.

2단 사슬 아래 빈 공간 아무 데나 실을 연결해서, 사슬 4코(1번째 1길긴뜨기, 사슬 1코로 센다), 다음 7개의 사슬 아래 빈 공간에 [1길긴뜨기 3코, 사슬 1코], 마지막 사슬 아래 빈 공간에 1길긴뜨기 2코, 단 시작 사슬 4코의 3번째 사슬에 빼뜨기, 실을 자른다.

3단 사슬 4코(1번째 1길긴뜨기, 사슬 1코로 센다), 전 단의 사슬 아래 빈 공간은 건너뛰고, *†1길긴뜨기, 1길긴뜨기 2코 넣어뜨기†, 1길긴뜨기, 사슬 1코*를 7회 반복, †에서 †까지 1회 반복, 단 시작 사슬 4코의 3번째 사슬에 빼뜨기.

4단 사슬 아래 빈 공간에 빼뜨기, 사슬 6코(1번째 1길긴뜨기, 사슬 3코로 센다), *†1길긴뜨기 4코 모아뜨기, 사슬 3코†, 사슬 아래 빈 공간에 1길긴뜨기, 사슬 3코*를 7회 반복, †에서 †까지 1회 반복, 단 시작 사슬 6코의 3번째 사슬에 빼뜨기, 실을 자른다.

테두리/연결하기 단

색 배치 그림을 참고해, 모티브를 색 순서대로 배열하고 모티브를 연결하는 마지막 단은 다음과 같이 작업한다.

1번째 줄

모티브 1, 5단 전 단의 1길긴뜨기 4코 모아뜨기 코 전의 사슬 아래 빈 공간 아무 데나 실 B를 연결해서, 사슬 3코(1번째 1길긴뜨기로 센다), 각 사슬 아래 빈 공간마다 1길긴뜨기 4코를 단 끝까지 반복, 마지막 사슬 아래 빈 공간에 1길긴뜨기 3코(총 64코), 실을 자르고 돗바늘로 매듭이 보이지 않게 마무리한다.

모티브 2-11, 5단 사슬 아래 빈 공간 아무 데나 실 B를 연결해서, 사슬 3코(1번째 1길긴뜨기로 센다), 다음 12개의 사슬 아래 빈 공간에 1길긴뜨기 4코, 1번째(혹은 전) 모티브의 17번째 가장자리 코에 연결코, 다음 3개의 사슬 아래 빈 공간에 1길긴뜨기 4코, 마지막 사슬 아래 빈 공간에 1길긴뜨기 3코, 실을 자르고 돗바늘로 매듭이 보이지 않게 마무리한다.

2번째 줄

모티브 12, 5단 사슬 아래 빈 공간 아무 데나 실 B를 연결해서, 사슬 3코(1번째 1길긴뜨기로 센다), 다음 8개의 사슬 아래 빈 공간에 1길긴뜨기 4코, 첫 번째 모티브의 2번째 가장자리 코에 연결코, 다음 7개의 사슬 아래 빈 공간에 1길긴뜨기 4코, 마지막 사슬 아래 빈 공간에 1길긴뜨기 3코, 실을 자르고 돗바늘로 매듭이 보이지 않게 마무리한다.

모티브 13-22, 5단 사슬 아래 빈 공간 아무 데나 실 B를 연결해서, 사슬 3코(1번째 1길긴뜨기로 센다), 다음 8개의 사슬 아래 빈 공간에 1길긴뜨기 4코, 전 줄의 2번째(혹은 3번째, 4번째 등) 모티브의 2번째 가장자리 코에 연결코, 다음 4개의 사슬 아래 빈 공간에 1길긴뜨기 4코, 같은 줄에서 1번째(혹은 전) 모티브의 17번째 가장자리 코에 연결코, 다음 3개의 사슬 아래 빈 공간에 1길긴뜨기 4코, 마지막 사슬 아래 빈 공간에 1길긴뜨기 3코, 실을 자르고 돗바늘로 매듭이 보이지 않게 마무리한다.

남은 줄 연결하기

3-15줄은 2번째 줄과 동일하게 작업한다.

물방울무늬 모티브

140개를 만든다. 실 C, D, E, F, G, H, I 로 각 20개.

작은 물방울무늬 모티브는 진행하면서 연결되며, 4개의 데이지 모티브 사이에 떠진다. 색 배치 그림을 참고해서 각 물방울무늬 모티브를 다음과 같이 작업한다.

원형뜨기의 시작코 실과 모사용 코바늘 6호로, 사슬 5코, 고리를 만들기 위해 빼뜨기한다.

1단 사슬 3코(1번째 1길긴뜨기로 센다), 1길긴뜨기 2코, 사슬 2코, 왼쪽 위 모티브의 42번째 가장자리 코에 연결코, 사슬 2코, 전 1길긴뜨기 꼭대기에 빼뜨기(피코뜨기처럼), 1길긴뜨기 4코, 사슬 2코, 왼쪽 아래 모티브의 58번째 가장자리 코에 연결코, 사슬 2코, 전 1길긴뜨기 꼭대기에 빼뜨기(피코뜨기처럼), 1길긴뜨기 4코, 사슬 2코, 오른쪽 위 모티브의 26번째 가장자리 코에 연결코, 사슬 2코, 전 1길긴뜨기 꼭대기에 빼뜨기(피코뜨기처럼), 1길긴뜨기 2코. 실을 자르고 돗바늘로 보이지 않게 마무리하고 실 끝이 보이지 않게 정리한다.

블로킹

다림천을 이용해서, 세로 128cm, 가로 94cm 크기로 편물 안쪽에서 스팀 다림질한다.

색 배치

▶ Light Pearl Grey
▶ White
▶ Orange
▶ Turquoise
▶ Goldenrod
▶ Pink
▶ Dusty Pink
▶ Dark Lime
▶ Navy Blue

▶ TIPS & TRICKS

물방울무늬 모티브를 뜨면서 연결하면, 모티브를 다 뜨고 마지막에 데이지 모티브에 연결하는 것보다 훨씬 작업하기가 쉽다. 처음 데이지 모티브 두 줄을 연결하자마자 물방울무늬 모티브 한 줄을 붙여가며 작업한다. 그 후에 데이지 모티브 한 줄과 물방울무늬 모티브 한 줄을 번갈아 작업한다.

담요와 덮개

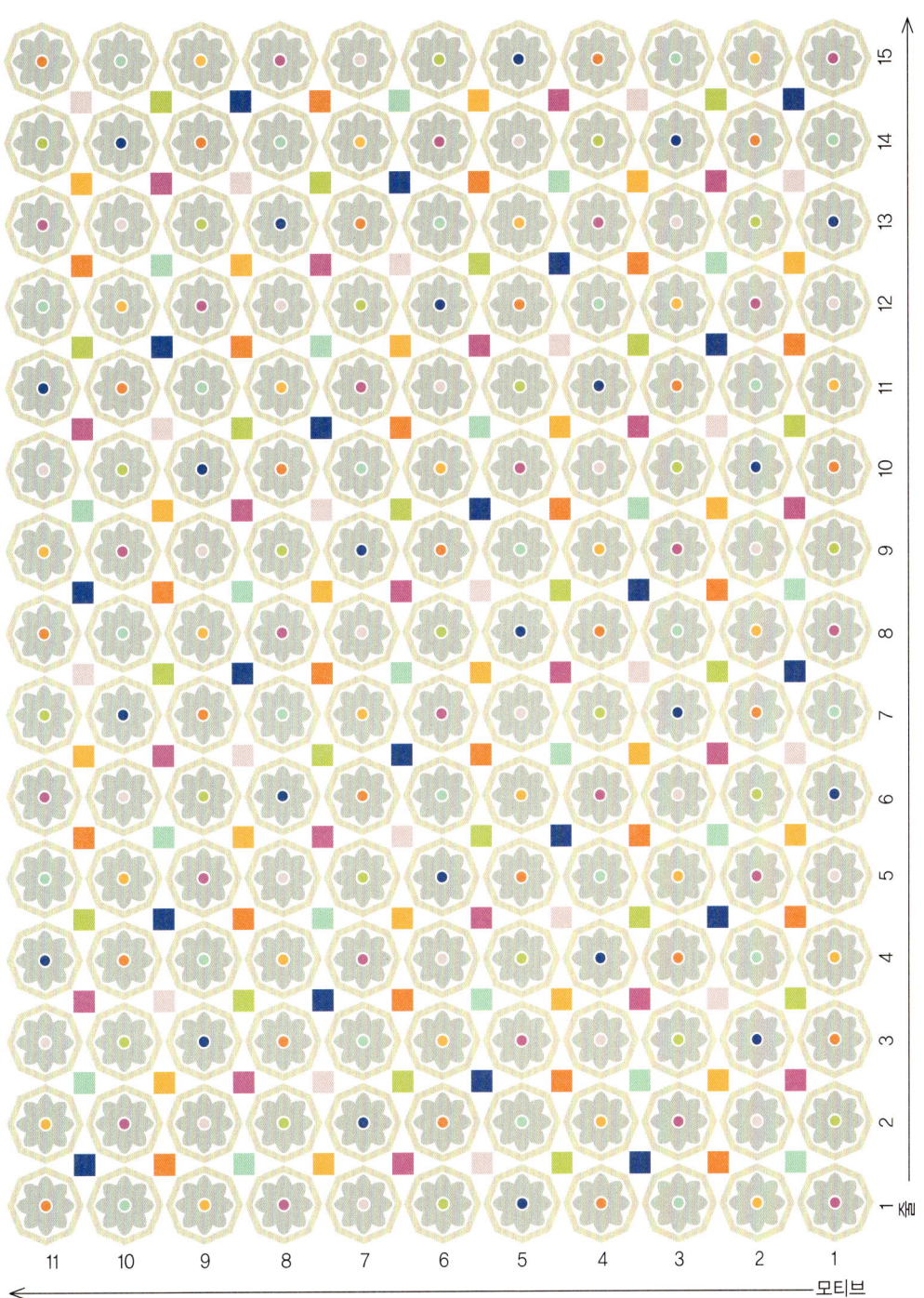

그래니 시크 스타일의
바람개비 모양 담요

소박한 그래니 스퀘어 모티브는 오랜 세월이라는 시험을 견딘 코바늘뜨기의 상징입니다. 코바늘뜨기를 하는 많은 사람들에게 영원한 치유의 시간을 주고 있습니다. 하지만 그래니 시크 스타일로 고전을 새롭게 해석하고 활기를 더하는 것은 언제나 흥미진진합니다. 그래서 나는 이 책에서 그래니 스퀘어 모티브를 화려하고 예쁜 바람개비 모양 작품으로 만들었습니다. 나의 그래니 시크 스타일 담요는 복고와 현대의 완벽한 조화입니다.

Second Section ▽

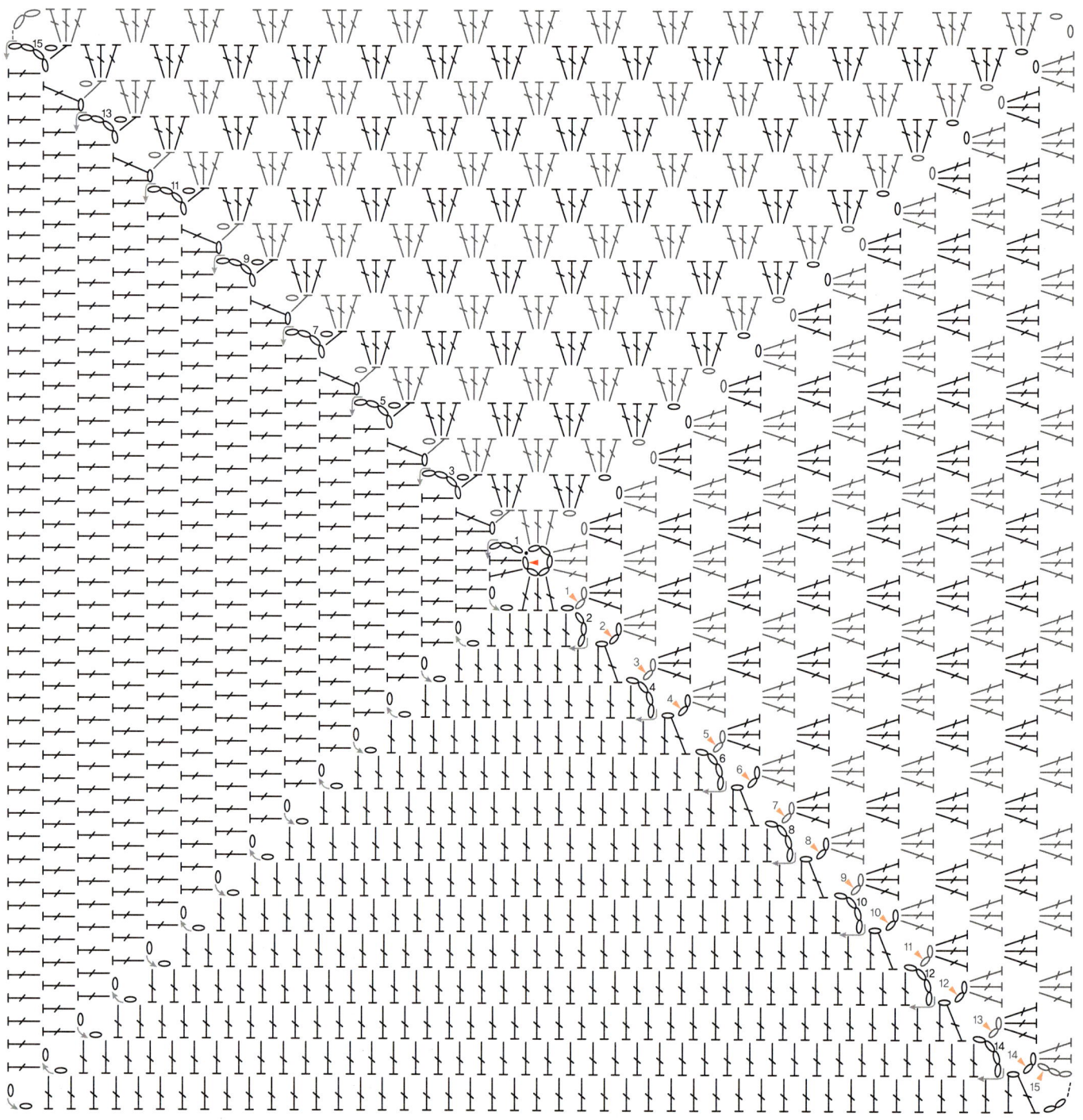

△ First Section

필요한 도구와 재료

- 모사용 코바늘 7.5호
- Rowan Pure Wool Worsted 100g(200m) 101/Ivory(실 A) 16볼, 112/Moonstone (실 B), 132/Buttercup(실 C), 137/ Oxygen(실 D) 각 2볼, 113/Pretty Pink(실 E), 119/Magenta (실 F), 131/ Mustard(실 G), 134/Seville (실 H), 135/Papaya(실 I), 140/Bottle(실 J), 144/Mallard(실 K), 152/Oats(실 L) 각 1볼
- 안전핀(작은 안전핀이나 자투리 실)
- 돗바늘
- 가위

대체 실

표준 DK(light worsted) 굵기의 어떤 실로든 대체할 수 있지만, 시작하기 전에 세심하게 게이지를 확인하는 것이 중요하다.

게이지

각 삼각 사각 모티브는 28cm 정사각형이다. 1길긴뜨기로 작업한 그래니 스퀘어 모티브 5단 = 10cm

완성 크기

세로 약 200cm, 가로 약 144cm

도안

삼각 사각 모티브는 2조각으로 작업된다. First Section은 단이 끝날 때마다 편물을 돌리면서 1가지 색으로, Second Section은 여러 가지 색으로, 각단을 따로따로 같은 방향으로 작업한다. 그 후에 각 단의 시작과 끝에서 First Section에 빼뜨기와 긴뜨기로 연결하며 뜬다. 연결하는 코를 모티브 First Section의 정확한 곳에 작업해야 코와 모티브가 깔끔하게 자리를 잡는다. 단계별 안내는 '기법'을 참고한다.

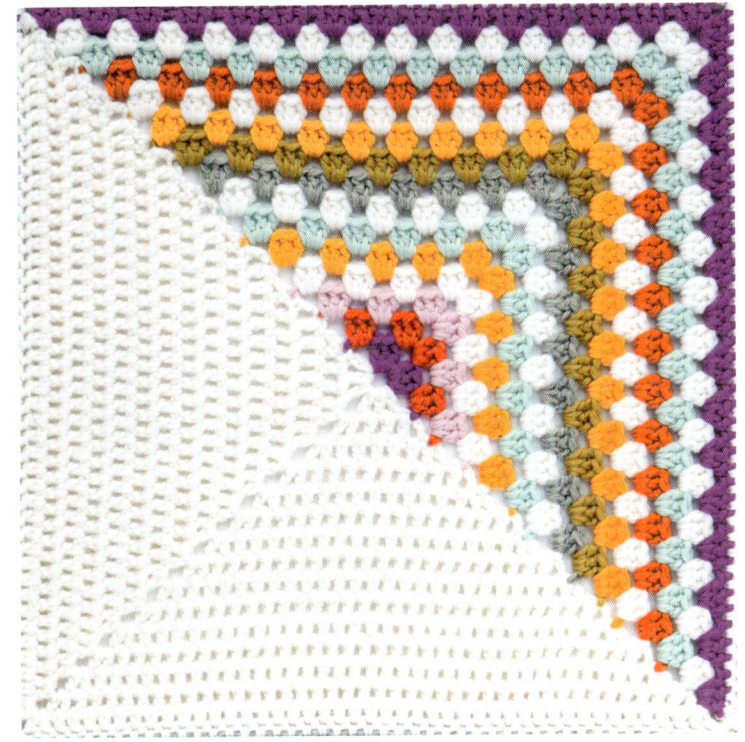

삼각 사각 모티브 – First Section

35개를 만든다.

시작 사슬코 실 A와 모사용 코바늘 7.5호로, 사슬 6코, 고리를 만들기 위해 빼뜨기한다.

1단(겉면) 사슬 3코(1번째 1길긴뜨기로 센다), 1길긴뜨기 2코, 사슬 2코, 1길긴뜨기 3코, 사슬 1코, 편물을 돌린다.

2단 사슬 3코(1번째 1길긴뜨기로 센다), 바늘에서 4번째 사슬에 1길긴뜨기, 다음 옆면 공간 2개에 1길긴뜨기(전 단의 1길긴뜨기 코 사이), 모서리의 사슬 아래 빈 공간에 [1길긴뜨기 2코, 사슬 2코, 1길긴뜨기 2코], 다음 옆면 공간 2개에 1길긴뜨기, 전 단 사슬 3코의 3번째 사슬에 시작코 1길긴뜨기 2코 넣어뜨기, 사슬 1코, 편물을 돌린다.

3단 사슬 3코(1번째 1길긴뜨기로 센다), 바늘에서 4번째 사슬에 1길긴뜨기, 다음 옆면 공간 5개에 1길긴뜨기, 모서리의 사슬 아래 빈 공간에 [1길긴뜨기 2코, 사슬 2코, 1길긴뜨기 2코], 다음 옆면 공간 5개에 1길긴뜨기, 전 단 사슬 3코의 3번째 사슬에 시작코 1길긴뜨기 2코 넣어뜨기, 사슬 1코, 편물을 돌린다.

4단 사슬 3코(1번째 1길긴뜨기로 센다), 바늘에서 4번째 사슬에 1길긴뜨기, 다음 옆면 공간 8개에 1길긴뜨기, 모서리의 사슬 아래 빈 공간에 [1길긴뜨기 2코, 사슬 2코, 1길긴뜨기 2코], 다음 옆면 공간 8개에 1길긴뜨기, 전 단 사슬 3코의 3번째 사슬에 시작코 1길긴뜨기 2코 넣어뜨기, 사슬 1코, 편물을 돌린다.

5-15단 1-3단이 바람개비 모양 모티브의 1가지 색 부분을 만드는 도안이다. 각 단마다 옆면 코를 3코씩 늘려가며 1-3단을 반복한다. 15단 끝에서 사슬 3코, 바늘에 걸려 있는 고리를 안전핀에 끼우고 실 꼬리를 15cm 남겨두고 자른다.

삼각 사각 모티브 - Second Section
35개를 만든다.

Second Section의 각 삼각 사각 모티브는 실 A-L을 이용해 무작위로 작업한다. 이때 솔기를 잇고 테두리를 작업할 실 A 1볼과 실 B 반 볼을 남겨둔다.

1단 편물의 겉면을 보면서, First Section 1단 끝의 사슬코에 실을 연결해서, 사슬 2코, First Section 원형뜨기의 시작코에 [1길긴뜨기 3코, 사슬 2코, 1길긴뜨기 3코], First Section 2단의 시작코 1길긴뜨기 2코 넣어뜨기가 떠진 자리에 긴뜨기, 사슬 1코, 실을 자른다.

2단 편물의 겉면을 보면서, First Section 3단 끝 시작코 1길긴뜨기 2코 넣어뜨기가 떠진 자리에 실을 연결해서, 사슬 2코, 사슬 아래 빈 공간에 1길긴뜨기 3코 넣어뜨기, 모서리의 사슬 아래 빈 공간에 [1길긴뜨기 3코, 사슬 2코, 1길긴뜨기 3코], 사슬 아래 빈 공간에 1길긴뜨기 3코 넣어뜨기, First Section 2단 끝의 사슬코에 긴뜨기, 사슬 1코, 실을 자른다.

3단 편물의 겉면을 보면서, First Section 3단 끝의 사슬코에 실을 연결해서, 사슬 2코, 사슬 아래 빈 공간에 1길긴뜨기 3코 넣어뜨기, 옆면 공간에 1길긴뜨기 3코 넣어뜨기, 모서리의 사슬 아래 빈 공간에 [1길긴뜨기 3코, 사슬 2코, 1길긴뜨기 3코], 옆면 공간에 1길긴뜨기 3코 넣어뜨기, 사슬 아래 빈 공간에 1길긴뜨기 3코 넣어뜨기, First Section 4단의 시작코 1길긴뜨기 2코 넣어뜨기가 떠진 자리에 긴뜨기, 사슬 1코, 실을 자른다.

4단 편물의 겉면을 보면서, First Section 5단 끝의 시작코 1길긴뜨기 2코 넣어뜨기 코가 떠진 자리에 실을 연결해서, 사슬 2코, 사슬 아래 빈 공간에 1길긴뜨기 3코 넣어뜨기, 다음 옆면 공간 2개에 1길긴뜨기 3코 넣어뜨기, 모서리의 사슬 아래 빈 공간에 [1길긴뜨기 3코, 사슬 2코, 1길긴뜨기 3코], 다음 옆면 공간 2개에 1길긴뜨기 3코 넣어뜨기, 사슬 아래 빈 공간에 1길긴뜨기 3코 넣어뜨기, First Section 4단 끝의 사슬코에 긴뜨기, 사슬 1코, 실을 자른다.

5-14단 3단과 4단이 바람개비 모양 그래니 스퀘어 모티브 도안이다. 각 단마다 한쪽 면에 1길긴뜨기 3코 넣어뜨기를 1코씩 늘려가며 3-4단을 반복한다.

15단 전 단의 1번째 사슬 아래 빈 공간에 실을 연결해서, 사슬 3코(1번째 1길긴뜨기로 센다), 같은 공간에 1길긴뜨기 2코, 1길긴뜨기 3코 넣어뜨기 13회 반복, 모서리의 사슬 아래 빈 공간에 [1길긴뜨기 3코, 사슬 2코, 1길긴뜨기 3코], 1길긴뜨기 3코 넣어뜨기 14회 반복, 사슬 2코, 실을 자르고 First Section 15단 시작 사슬 3코의 3번째 사슬에 돗바늘로 매듭이 보이지 않게 마무리한다.

삼각 사각 모티브 마무리
Next 돗바늘에 First Section 실 꼬리를 꿰어 Second Section 15단 시작 사슬 3코의 3번째 사슬에 매듭이 보이지 않게 마무리한다.

삼각 사각 모티브 블로킹
각 삼각 사각 모티브를 약 28cm 정사각형으로 스팀 블로킹한다.

마무리

삼각 사각 모티브 연결하기
삼각 사각 모티브를 앞면이 위로 오게 5×7 격자판 모양으로 배열한다. 바람개비 모양이 나오도록 사진을 참고하여 배열한다.

실 A를 사용해, 가로로 그리고 세로로 짧은뜨기 단을 작업하며 뒤에서 모티브를 잇는다. 모서리의 사슬 아래 빈 공간에 짧은뜨기 1코(삼각 사각 모티브의 모서리에 색이 변하는 사슬 아래 빈 공간과 옆면 코), 가장자리 코의 꼭대기에 짧은뜨기 1코씩 작업한다.

테두리
1단 담요 모서리의 사슬 아래 빈 공간 아무데나 실 A를 연결해서, 사슬 3코(1번째 1길긴뜨기로 센다), *담요의 옆면을 따라서 삼각 사각 모티브의 각 코 꼭대기와 사슬 아래 빈 공간에 1길긴뜨기, 담요 모서리의 사슬 아래 빈 공간에 1길긴뜨기 5코*를 담요의 1번째 모서리까지 반복, 모서리의 사슬 아래 빈 공간에 1길긴뜨기 4코, 실을 자르고 돗바늘로 매듭이 보이지 않게 마무리한다.

2단 전 단 모서리의 1길긴뜨기 5코 전 1번째 코 아무 데나 실 B를 연결해서, 사슬 1코, 같은 공간에 짧은뜨기, *다음 모서리 5코에 [짧은뜨기, 다음 3코에 짧은뜨기 2코 넣어뜨기, 짧은뜨기], 다음 모서리까지 각 코마다 짧은뜨기*를 단 끝까지 반복, 실을 자르고 돗바늘로 매듭이 보이지 않게 마무리한다.

블로킹
다림천을 이용해 솔기와 테두리가 평평하게 놓이도록 스팀 블로킹한다.

기법

기본 기호 & 기법

주의 10쪽의 '도안 약어 & 기호'를 참고한다.

🌀 원형뜨기의 시작코(혹은 매직 루프)

원형뜨기의 시작코(혹은 매직 루프라고도 알려진)는 원형뜨기로 작업되는 사각이나 원형 모티브를 뜰 때 사용한다. 사슬코로 만드는 고리와 달리, 완전히 닫히는 단단한 시작코를 만들 수 있어 특히 유용하다. 작품을 시작할 때 생기는 보기 흉한 시작매듭 없이 훨씬 깔끔하게 마무리할 수 있기 때문에, 한 지점에서 바깥으로 진행되는 모티브를 뜰 때 좋다.

 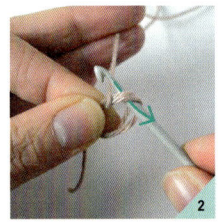 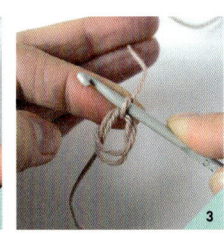

1. 실 꼬리를 단단하게 잡고, 검지 끝에 실타래 쪽과 연결된 실을 2번 감는다.
2. 검지 끝에 감은 고리를 빼서 바늘을 넣어 실타래 쪽과 연결된 실을 바늘에 건다.
3. 시작 고리를 빼내 풀리지 않도록 사슬 1코, 도안의 1단에 적혀 있는 대로 작업한다.
4. 고리를 닫기 위해, 실 꼬리를 잡아당겨 1번째 고리를 닫기 시작한다.
5. 1번째 고리가 완전히 닫히기 전에, 2번째 고리를 꽉 닫기 위해 1번째 고리를 잡아당긴다(이때 실 꼬리를 당기지 않도록 주의한다).
6. 1번째 고리를 닫기 위해 실 꼬리를 단단히 잡아당긴다.
7. 빼뜨기를 하거나 도안에서 지시하는 대로 작업하여 1단을 마무리한다.
8. 원형뜨기의 시작코와 도안의 1단이 완성되었다.

주의 원형뜨기의 시작코가 풀리지 않게 실 꼬리를 꼼꼼하게 감추고 정리해야 한다.

⭕ 사슬

 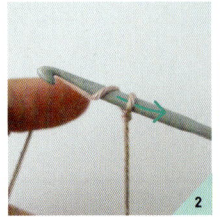 

1. 시작매듭을 만들어 바늘에 건다.
2. 바늘에 실을 감아 고리를 빼낸다.
3. 필요한 만큼 2단계를 반복한다.

⊙ 빼뜨기

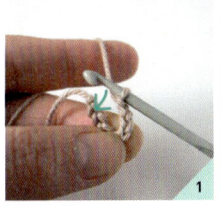 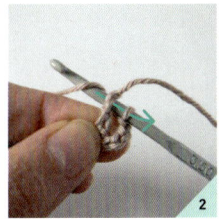 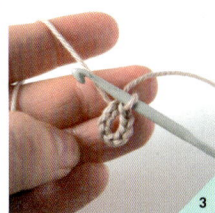

1. 편물에 바늘을 넣는다.
2. 바늘에 실을 감아 고리를 빼내고, 바늘에 걸려 있는 1번째 고리 사이로 빼낸다.
3. 원형뜨기의 시작코와 빼뜨기가 완성되었다.

⊕ 짧은뜨기

1. 편물에 바늘을 넣는다.
2. 바늘에 실을 감아 고리를 빼낸다.
3. 바늘에 실을 감아 2개의 고리 사이로 빼낸다.

T 긴뜨기

  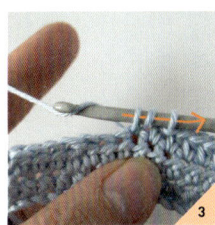

1. 바늘에 실을 감고 편물의 다음 코에 넣는다.
2. 바늘에 실을 감아 고리를 빼낸다.
3. 바늘에 실을 감아 3개의 고리 사이로 빼낸다.

┬ 1길긴뜨기

1. 다음 코에 긴뜨기의 1, 2단계를 작업한다.
2. 바늘에 실을 감아 2개의 고리 사이로 빼낸다.
3. 바늘에 실을 감아 남아 있는 2개의 고리 사이로 빼내 코를 완성한다.

2길긴뜨기

  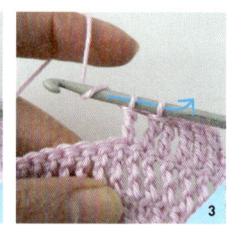

1. 바늘에 실을 2번 감아 편물에 넣어, 바늘에 실을 감아 고리를 빼낸다.
2. 바늘에 실을 감아 2개의 고리를 빼는 것을 2번 작업한다.
3. 바늘에 실을 감아 바늘에 걸려 있는 마지막 2개의 고리 사이로 빼내 코를 완성한다.

코늘림 & 코줄임

짧은뜨기 2코 넣어뜨기

같은 코에 짧은뜨기를 2번 작업한다.

1길긴뜨기 2코 넣어뜨기

같은 코에 1길긴뜨기를 2번 작업한다.

1길긴뜨기 3코 넣어뜨기

같은 코에 1길긴뜨기를 3번 작업한다.

1길긴뜨기 2코 모아뜨기

1. 다음 코에 1길긴뜨기의 1, 2단계를 작업한다.
2. 다음 코에 1단계를 반복한다.
3. 바늘에 실을 감아 바늘에 걸려 있는 모든 고리 사이로 빼내 코를 완성한다.

1길긴뜨기 3코 모아뜨기

1길긴뜨기 2코 모아뜨기와 동일하게 작업하며, 1길긴뜨기 3코를 모아뜬다.

1길긴뜨기 4코 모아뜨기

1길긴뜨기 2코 모아뜨기와 동일하게 작업하며, 1길긴뜨기 4코를 모아뜬다.

ⓐ 2길긴뜨기 2코 모아뜨기

1. 다음 코에 2길긴뜨기 1, 2 단계를 작업한다.
2. 다음 코에 1단계를 반복한다.
3. 바늘에 실을 감아 바늘에 걸려 있는 모든 고리 사이로 빼내 코를 완성한다.

장식 무늬

ⓐ 1길긴뜨기 3코 구슬뜨기

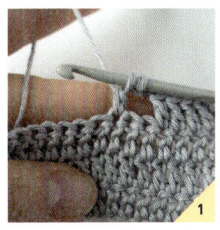  

1. 다음 코에 1길긴뜨기 1 – 3단계를 작업한다.
2. 같은 코에 1단계를 반복한다.
3. 바늘에 실을 감아 바늘에 걸려 있는 모든 고리 사이로 빼내 코를 완성한다.

ⓐ 1길긴뜨기 4코 구슬뜨기

1길긴뜨기 3코 구슬뜨기 1단계를 같은 자리에 4회 반복하며, 1길긴뜨기 3코 구슬뜨기와 동일하게 작업한다.

ⓐ 2길긴뜨기 2코 구슬뜨기

다음 코에 2길긴뜨기의 1, 2단계를 작업하고, 바늘에 실을 감아 바늘에 걸려 있는 모든 고리 사이로 빼내 코를 완성한다.

ⓐ 2길긴뜨기 3코 구슬뜨기

다음 코에 2길긴뜨기의 1, 2단계를 3회 반복하고, 바늘에 걸려 있는 모든 고리 사이로 빼내 코를 완성한다.

1길긴뜨기 5코 구슬뜨기 앞걸어뜨기

1. 바늘에 실을 감아, 편물의 앞에서 전 단의 코 아래에 오른쪽에서 왼쪽으로 바늘을 넣는다.
2. 바늘에 실을 감아 고리를 빼낸다.
3. 바늘에 실을 감아 2개의 고리 사이로 빼낸다.
4. 전 단의 같은 코에 1–3 단계를 4회 반복한다.
5. 바늘에 실을 감아 바늘에 걸려 있는 모든 고리 사이로 빼내 코를 완성한다.
6. 1길긴뜨기 5코 구슬뜨기 앞걸어뜨기가 완성되었다.

팝콘뜨기

팝콘뜨기가 사용된 각 도안에는 사용된 코, 콧수, 마지막에 작업하는 사슬코의 유무에 관해 주의할 점이 포함되어 있다.
아래의 지시사항은 사슬코로 끝나는 1길긴뜨기 5코 팝콘뜨기에 관해 설명하고 있다.

1. 같은 자리에 1길긴뜨기 5코를 작업하고 바늘에 걸려 있는 고리를 빼낸다.
2. 앞에서 뒤로, 1번째 1길긴뜨기 꼭대기에 바늘을 넣어, 빼놓았던 고리를 바늘에 돌려놓는다.
3. 고리를 빼내 단단하게 잡아당기면 팝콘뜨기 코가 편물 앞에 '톡' 튀어나온다. 사슬 1코.

스파이크 짧은뜨기

1. 편물 앞에서 2단 아래 코에 바늘을 넣고, 바늘에 실을 감아 고리를 빼낸다.
2. 이 고리를 현재 작업 중인 단 높이까지 길게 빼낸다.
3. 바늘에 실을 감아 바늘에 걸려 있는 2개의 고리 사이로 빼내 코를 완성한다.

기법

긴뜨기 뒤걸어뜨기

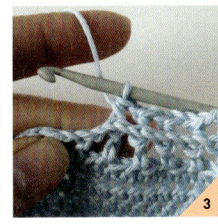

1. 바늘에 실을 감고 편물 뒤에서 바늘을 오른쪽에서 왼쪽으로 전 단 아래코에 넣는다.
2. 바늘에 실을 감아 고리를 빼낸다.
3. 바늘에 실을 감아 바늘에 걸려 있는 모든 고리 사이로 빼내 코를 완성한다.

특별한 무늬 & 기법

단 시작 1길긴뜨기(사슬 없는)

단 시작 1길긴뜨기는 원형뜨기로 작업되는 코바늘뜨기(예를 들어 사각이나 원형 모티브)의 각 단의 시작에 쓰이는 사슬 3코를 대신할 때 가장 유용하게 쓰인다. 완성된 코바늘뜨기 편물에 보기 흉한 시작선을 남기는 사슬코와 달리, 단 시작 1길긴뜨기는 이어지는 코에 더 깔끔하게 섞여 들어간다.

1. **그리고 1a** 바늘에 걸려 있는 고리를 1길긴뜨기 코 높이만큼 잡아당겨, 검지로 눌러 고정시키고, 바늘을 왼쪽에서 오른쪽으로 고리의 2가닥 뒤로 돌린다.
2. 바늘에 실을 감아 편물 앞쪽으로 새로운 고리를 빼내면 바늘에 2개의 고리가 생긴다.
3. 바늘에 실을 감아 2개의 고리 사이로 빼낸다.
4. 단 시작 1길긴뜨기가 완성되었다.
5. 단 시작 1길긴뜨기로 시작한 단을 완성하기 위해서는, 간단하게 그 코의 꼭대기에 빼뜨기를 작업하면 된다. 이제 다음 단을 시작하기 위해서 단 시작 1길긴뜨기를 작업할 준비가 되었다.

돗바늘로 매듭이 보이지 않게 마무리하기

1. 단 끝에서 15cm 남기고 실을 자른다. 마지막 코에서 고리를 빼내고 실 꼬리를 돗바늘에 꿴다.
2. 단 시작 사슬코 다음 1번째 코 꼭대기에 돗바늘을 넣어 실을 빼낸다.
3. 그리고 3a 돗바늘을 위에서 아래로 실 꼬리가 원래 나왔던 마지막 코의 뒤 2가닥 속으로 넣는다(3a 그림 참고).
4. 고리가 깔끔하게 닫히도록 잡아당기고, 시작 사슬코 뒤에서 풀리지 않게 정리한다.
5. 돗바늘로 매듭이 보이지 않게 마무리하기가 완성되었다.

⊖ 연결코

기술적으로 코는 아니지만 각 모티브를 잇는 데 깔끔하고 빠르며 매우 효과적인 방법이다.

1. 바늘에 걸려 있는 고리를 빼낸다.
2. 두 번째 모티브의 코 꼭대기에 바늘을 넣어 첫 번째 모티브의 빼놓았던 고리를 바늘에 돌려놓는다.
3. 코로 고리를 빼내고 도안대로 계속 작업한다.

⊕ 연결 짧은뜨기

레이스무늬 데이지 냄비받침 도안에서 작품의 그물무늬를 맞추고, 완성된 냄비받침에 레이스 효과를 유지하기 위해 사용된다.

1. 앞판과 뒤판을 서로 뒷면이 마주 보도록 겹쳐, 두 번째 모티브의 대칭되는 사슬코 아래에 바늘을 넣는다.
2. 바늘에 실을 감고 고리를 빼낸다.
3. 바늘에 실을 감아 바늘에 걸려 있는 2개의 고리로 빼내 짧은뜨기 코를 완성하고 도안대로 계속 작업한다.

원단 조각 넣기

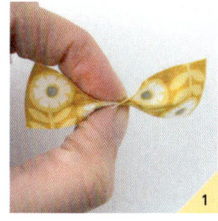  

1 원단 조각 가운데 부분을 접는다.
2 바늘과 작업하는 실 사이에 접은 원단 조각을 넣는다.
3 원단 조각을 고정시키기 위해 단단하게 사슬 1코를 작업한다.

시작코 1길긴뜨기 2코 넣어뜨기

시작코는 대개 담요 등 크고 납작한 코바늘뜨기 작품의 시작단을 작업하는 데 사용된다. 사슬 콧수를 정확하게 세야 하는 지루한 일을 피할 수 있어 아주 유용하다! 하지만 이 책에서는 바람개비 모양 도안에 사용된 삼각 사각 모티브의 코늘림 방법으로 사용된다. 다음은 단 끝에서 코늘림하는 방법에 대한 설명이다.

1 바늘에 실을 감아 전 단 시작 사슬 3코의 3번째 사슬에 바늘을 넣어, 바늘에 실을 감고 고리를 빼낸다.
2 바늘에 실을 감아 고리를 1개 빼내 시작 사슬코를 만든다.
3 바늘에 실을 감고 계속해서 1길긴뜨기 코를 완성한다.
4 같은 시작 사슬코에 2번째 1길긴뜨기를 작업한다.
5 시작코 1길긴뜨기 2코 넣어뜨기가 완성되었다.

바람개비 모양 패치워크 + 로그 캐빈 쿠션 커버에 쓰이는 삼각 사각 모티브 뜨기

Second Section 코 연결하기

  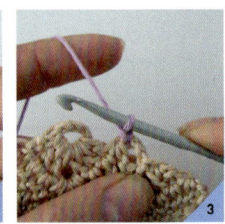

1단 시작하기

시작매듭을 만들어 왼손 검지에 건다.

1. 삼각 사각 모티브 First Section의 겉면을 보면서, 1단 끝의 사슬코 실 2가닥 아래에 바늘을 넣는다.
2. 바늘에 시작매듭을 걸어 빼낸다.
3. 사슬 1코, 도안대로 계속 작업한다.

1단 마무리하기

1. 지시한 곳의 실 2가닥 아래로 지나가도록 주의하며, 시작코 1길긴뜨기 2코 넣어뜨기 코에 바늘을 넣는다.
2. 바늘에 실을 감고 빼뜨기한다.
3. 1단이 완성되었다.

2단 시작하기

1. 사슬 2코, 바늘에 실을 감아 First Section 2단 끝 사슬코에 바늘을 넣는다.
2. 바늘에 실을 감아 고리를 빼낸다.
3. 바늘에 실을 감아 바늘에 걸려 있는 모든 고리로 빼내 긴뜨기 코를 완성하고, 편물을 돌리고 도안대로 계속 작업한다.

2단 마무리하기 그리고 이어지는 단

1. 전과 같이, 실 2가닥 아래로 시작코 1길긴뜨기 2코 넣어뜨기 코의 시작 사슬코에 바늘을 넣는다.
2. 바늘에 실을 감아 빼뜨기한다.
3. 삼각 사각 모티브를 완성하기 위해 위의 2단과 동일하게 필요한 수만큼 시작과 마무리를 반복하며 계속 작업한다.

그래니 시크 스타일의 바람개비 모양 담요에 쓰이는 삼각 사각 모티브 뜨기

Second Section 코 연결하기

1단 시작하기

시작매듭을 만들어 왼손 검지에 건다.

1. 삼각 사각 모티브 First Section의 겉면을 보면서, 1단 끝의 사슬코 실 2가닥 아래에 바늘을 넣는다.
2. 바늘에 시작매듭을 걸어 빼낸다.
3. 사슬 1코, 도안대로 계속 작업한다.

1단 마무리하기

1. 지시한 곳의 실 2가닥 아래로 지나가도록 주의하며, 시작코 1길긴뜨기 2코 넣어뜨기 코에 바늘을 넣는다.
2. 바늘에 실을 감고 고리를 빼낸다.
3. 바늘에 실을 감고 계속해서 긴뜨기 코를 완성한다.
4. 바늘에 실을 감고 사슬 1코.
5. 15cm 실을 남기고 끊는다. 마지막 코 사이로 실을 빼내고 단단히 잡아당겨 마무리한다.
6. 1단이 완성되었다.

2단 시작하기

1단의 시작과 동일하게 작업한다. 실 2가닥 아래로 시작코 1 길긴뜨기 2코 넣어뜨기 코의 시작 사슬코에 바늘을 넣는다.

2단 마무리하기 그리고 이어지는 단

First Section의 2단 끝 사슬코에 긴뜨기를 뜨고 1단 마무리하기와 동일하게 작업한다. 삼각 사각 모티브를 완성하기 위해 홀수 단은 1단과 동일하게, 짝수 단은 2단과 동일하게 필요한 수만큼 반복하며 계속 작업한다.

감사의 말

나의 작은 가족 마크와 스패너에게, 그리고 물론 어머니와 아버지께 감사드립니다. 여러분의 후원은 헤아릴 수 없었습니다.

나의 새 친구 애나와 제이슨에게 특히 감사합니다. 이 프로젝트에 대한 그들의 선견지명과 열정, 헌신이 있어 작업하기 편하고 즐거웠습니다. 또한 독보적인 차트 작성 기술과 열정을 가진 강에게 감사합니다. 그들은 최고였고 나는 그들이 없었다면 이 책을 완성하지 못했을 겁니다.

David & Charles 출판사의 부지런한 편집팀 또한 이 책을 현실로 만들어주어서 감사합니다. 사랑스러운 집을 우리와 공유해준 야스미나와 그녀의 아름다운 가족에게 따뜻한 감사를 전합니다. 실을 사랑하는 나의 친구 데비, 엔리코, 린다, 케이트 그리고 린드세이. 아름다운 실에 대한 열정을 함께해줘서 정말 고맙습니다!

순서는 마지막이지만 결코 적지 않은 크나큰 감사를, 수년 동안 나의 코바늘 작품과 블로그 그리고 색색의 핀터레스트 중독을 지원해준 여러분 모두에게 드리고 싶습니다. 여러분이 없었다면 이 책은 가능하지 않았습니다. 여러분을 위해 책을 만드는 동안 즐거웠던 만큼 여러분도 즐기기를 바랍니다.

대체 실 정보

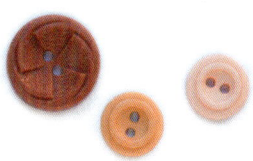

대체 실 정보 제공: 니뜨(http://www.knitt.co.kr)

작품	실 이름	구성	코바늘 호수	대체 실 이름	구성	코바늘 호수
꽃 갈런드	Rowan Cotton Glace	면 100%	6호	허니	면 70%, 레이온 15%, 아크릴 15%	5호
경쾌한 물방울무늬 띠	Yarn Stories Linen 3ply(2겹)	린넨 100%	5호	린넨사	린넨 100%	5호
종이꽃 장식 고리	Paperphine medium paper twine	종이	6호	–	–	–
기하학무늬 갈런드	DMC Natura Just Cotton	면 100%	5호	허니 3p	면 70%, 레이온 15%, 아크릴 15%	4호
	DMC Petra size 5	면 100%	레이스용 2호	타조 40수	면 100%	레이스용 2호
꽃 화환	Yarn Stories Linen 3ply(2겹)	린넨 100%	5호	린넨사	린넨 100%	5호
				잉카 알파카	알파카 30%, 울 45%, 드라이아크릴 25%	
	Wool and the Gang Wooly Bully Alpaca	알파카 80%, 메리노울 20%	화환 틀에 감기	스페셜 메가	울 30%, 아크릴 70%	화환 틀에 감기
몽상가의 드림캐처	Yarn Stories Linen 3ply	린넨 100%	5호	린넨사	린넨 100%	5호
큰 사이즈의 꽃무 벽걸이	Wool and the Gang Jersey Be Good	면 98%, 기타 2%	점보 12mm	르네상스, 저지 파인	면 98%, 스판 2%	점보 10~12mm
냄비받침	DMC Petra size 3	면 100%	5호	타조 20수	면 100%	5호
조그만 사각형 패치워크 쿠션	Rowan Baby Silk Merino	메리노울 66%, 실크 34%	6호	해피	파인울 100%	6호
바람개비 모양 패치워크 쿠션	Skein Queen Blissful Plump	울 100%	7호	허니울 2겹	울 95%, 아크릴 5%	7호
로그 캐빈 쿠션	Skein Queen Blissful Plump	울 100%	7호	허니울 2겹	울 95%, 아크릴 5%	7호
화려한 장미 쿠션	Gomitoli Cashmere Lana	울 70%, 캐시미어 30%	7.5호	허니울 2겹	울 95%, 아크릴 5%	7호
캔디 콘 쿠션	Rowan Wool Cotton 4p	메리노울 50%, 면 50%	5호	허니울	울 95%, 아크릴 5%	5호
	Skein Queen Squash	메리노울 100%	5호	앙쥬	아크릴 90%, 폴리아미드 10%	
				삭스	라나울 70%, 나일론 25%	
스카보로 록 바닥 덮개	Blue Sky Alpacas Worsted Cotton	면 100%	9호	지니코튼 2겹	면 70%, 린넨 30%	8호
데이지와 물방울무늬 무릎 덮개	Drops Alpaca	알파카 100%	6호	해피	파인울 100%	6호
그래니 시크 스타일의 바람개비 모양 담요	Rowan Pure Wool Worsted	울 100%	7.5호	허니울 2겹	울 95%, 아크릴 5%	7호

※냄비받침 다섯 작품에 쓰인 실은 모두 동일합니다.
※사용된 바늘은 특별한 언급이 없으면 모두 모사용 코바늘입니다.
※사람마다 장력이 달라서 대체 실과 권장 바늘을 사용해도 원작과 크기가 다를 수 있습니다.
※작품을 시작하기 전에 꼭 게이지를 확인하세요.

찾아보기

숫자

1길긴뜨기 3코 구슬뜨기(3tr-cl) 11, 133
1길긴뜨기 4코 구슬뜨기(4tr-cl) 11, 133
1길긴뜨기 5코 구슬뜨기 앞걸어뜨기(5tr-fpcl) 11, 69, 134
1길긴뜨기(tr) 131
2길긴뜨기 2코 구슬뜨기(2dtr-cl) 11, 133
2길긴뜨기(dtr) 132
1길긴뜨기(dc) 10, 131

ㄱ

갈런드
  기하학무늬 28
  꽃 14
게이지 8
경쾌한 물방울무늬 띠 20
고리 만들기 19, 27, 33, 37, 43, 53, 65, 71
그래니 시크 스타일의 바람개비 모양 담요 122, 139
그림 도안 8
기법 129
긴뜨기 뒤걸어뜨기(bp-htr) 96, 135
긴뜨기(htr) 10, 131
꽃
  5 꽃잎 17, 19
  7 꽃잎 18, 19
  8 꽃잎 17, 19
  꽃 갈런드 14
  꽃 화환 34
  꽃무 벽걸이 44
  데이지와 작은 물방울무늬 모티브 무릎 덮개 116
  레이스무늬 데이지 냄비받침 60
  종이꽃 장식 고리 24
  화려한 장미 냄비받침 54
  화려한 장미 쿠션 94

ㄴ-ㄷ

나뭇잎 모티브 18, 19, 37
냄비받침
  레이스무늬 데이지 냄비받침 60
  빈티지한 전통적인 메달 모양 냄비받침 66
  심플한 전통적인 원형 냄비받침 50
  팔각형의 팝콘무늬 냄비받침 72
  화려한 장미 냄비받침 54
다이아몬드 모양 모티브 32, 33
단 시작 1길긴뜨기(s-tr) 11, 135
단추 42, 85, 91, 93, 99, 103
단춧구멍 103
단추 여밈단 90, 93, 99
담요
  그래니 시크 스타일의 바람개비 모양 담요 122
  데이지 물방울무늬 담요 116
덮개, 스카보 록 108
데이지 도안 60, 116
도안 반복 11, 104
도안 약어 10
돗바늘로 매듭이 보이지 않게 마무리하기 136
띠 20, 42, 43

ㄹ-ㅁ

레이스무늬 데이지 냄비받침 60
로그 캐빈 86, 92, 138
리본 42
말림 71, 110
몽상가의 드림캐처 38

ㅂ

바늘 호수 조정 9
바람개비 모양 86, 122, 138
바퀴 모양 모티브 32, 33
별 모양 모티브 30, 32, 33
블로킹 9, 19, 27, 33, 47, 84, 103, 126
빼뜨기(ss) 10, 131

ㅅ

사슬코(ch) 10, 130
삼각 사각 모티브 88, 125, 138
삼각형 모티브 30, 31, 33
스카보 록 바닥 덮개 108
스파이크 짧은뜨기(sdc) 96, 134
시작코 1길긴뜨기 2코 넣어뜨기(f2tr inc) 11, 137
실 꼬리 47

ㅇ

연결 짧은뜨기(jdc) 11, 62, 136
연결코(jn) 11, 136
옆면 솔기 84
원형뜨기의 시작코(매직 루프) 130
육각형 모티브 31, 33

ㅈ-ㅊ

장미 디자인 54, 94
장식 고리, 종이꽃 24
종이꽃 장식 고리 24
종이를 꼬아 만든 실 26
천 조각 넣기 11, 26, 137
천으로 감싸기 37, 42

ㅋ

코늘림 10, 104, 132
코줄임(모아뜨기) 10, 132
쿠션
  로그 캐빈 86, 92, 138
  바람개비 모양 패치워크 86
  조그만 사각형 패치워크 80
  캔디 콘 100
  화려한 장미 94

ㅌ-ㅎ

테두리 53, 59, 65, 71, 77, 90, 93, 99, 103, 114, 126
팔각형의 팝콘무늬 냄비받침 72
팝콘 뜨기 11, 36, 75, 100, 102, 134
패치워크 80
편물이 우는 것 71, 110
화환, 꽃 34

The Crochet Home
Copyright©Emma Lamb, David & Charles, 2015
an imprint F&W Media International, LTD. Brunel House, Newton Abbot, Devon, TQ12 4PU

No part of this book may be used or reproduced in any manner whatever without written permission except in the case of brief quotations embodied in critical articles or reviews.

Korean Translation Copyright © 2016 by GoldenOWL. Inc
Korean edition is published by arrangement with F&W Media International, LTD through BC Agency, SEOUL.

이 책의 한국어판 저작권은 BC Agency를 통한 저작권자와의 독점 계약으로 황금부엉이에 있습니다.
저작권법에 의해 한국 내에서 보호를 받는 저작물이므로 무단전재와 무단복제를 금합니다.

2016년 1월 25일 초판 1쇄 발행
2017년 4월 5일 초판 2쇄 발행

지은이 | 엠마 램
옮긴이 | 이순선
펴낸이 | 이준원
펴낸곳 | (주)황금부엉이

주소 | 서울시 마포구 양화로 127 (서교동) 첨단빌딩 5층
전화 | 02-338-9151
팩스 | 02-338-9155
인터넷 홈페이지 | www.goldenowl.co.kr
출판등록 | 2002년 10월 30일 제 10-2494호

편집 | 조연곤
교정교열 | 주경숙
본문 디자인 | 윤선미
전략마케팅 | 구본철, 차정욱, 나진호, 이동후, 강호묵
제작 | 김유석

ISBN 978-89-6030-447-5 13630

* 값은 뒤표지에 있습니다.
* 잘못된 책은 구입하신 서점에서 바꾸어 드립니다.

황금부엉이에서 출간하고 싶은 원고가 있으신가요? 생각해보신 책의 제목(가제), 내용에 대한 소개, 간단한 자기소개, 연락처를 book@goldenowl.co.kr 메일로 보내주세요. 집필하신 원고가 있다면 원고의 일부 또는 전체를 함께 보내주시면 더욱 좋습니다. 책의 집필이 아닌 기획안을 제안해주셔도 좋습니다. 보내주신 분이 저 자신이라는 마음으로 정성을 다해 검토하겠습니다.